兴趣变现

内容营销之父教你打造有“趣”的个人IP

乔·普利兹（Joe Pulizzi）/ 孙庆磊　著

中国人民大学出版社

·北京·

推荐序一

兴趣是打开心智的钥匙

广告传播是我一生所爱，四十余载我从业于广告传播圈。从 20 世纪 80 年代聚焦平面、户外，90 年代电视媒体兴起，到如今互联网的蓬勃发展，见证了中国传播业半个世纪的变迁。突飞猛进的互联网在带来资讯的同时，也产生了数量庞大的无用信息。面对有限的时间和无限的内容，一种新的焦虑产生了——选择恐惧症。

如何解救目标消费者于焦虑的苦海，在我看来无非两点：

第一，兴趣是沟通的起点。

现如今，互联网把传统媒体的"大蛋糕"切得粉碎，把消费者分流到了广告市场之外。看看宠物、养生、美妆、健身这些兴趣圈子，你就能发现，消费者在这里吸收到的信息远远超过媒体中的商业内容。本书作者之一孙庆磊就是玩转兴趣圈的高手，他曾帮助众多企业通过内容建立各种兴趣社群。

我在创业和经营 MATCH · 马马也创意热店的过程中也有类似思考，做出够“燃”的创意是我的初心。“燃”的是什么？就是兴趣和激情。

第二，价值是关系的依托。

“内容营销”（content marketing）理念来自本书作者之一，美国内容营销协会创始人乔 · 普利兹。他认为有价值的内容应该成为传播的核心，让消费者沟通回归本质，传播本身就是问题的解决方案。这一观点正中信息泛滥的病根，为选择恐惧症提供了一剂解药。

为了提升“疗效”，两位作者还从国内外两个视角展开，深度访谈多家内容公司，总结了互联网时代的全新沟通路径。见证了成功的企业家们将自己最擅长的领域和最热爱的兴趣进行奇妙组合，本书把这种化学反应称作“甜蜜点”。

世界上最好的工作，就是做自己最喜欢做的事情。在我所热爱的创意领域，“甜蜜点”给我带来了一些新的思考和启发。如果你也有所热爱，建议你翻开本书，发现自己的“甜蜜点”，在自己最富激情的领域开创最“燃”的事业。

MATCH · 马马也创意热店创始人 &CEO

推荐序二

“兴趣变现”是最好的起点

毕业后工作不久，我就想换一种生活方式。

在此之前，我一直是“别人家的孩子”。品学兼优地完成了法学院的学习，顺利拿到了法学学位，之后又在大型律师事务所工作了两年。

说实话，我工作的那家公司还不错，曾诞生出一位亿万富翁。类似的机会我也有过，但我内心并不渴望那样的成功。

于是，我辞职了。

现在看看，那时的我的确有点疯狂。然而，我喜欢掌控自己，从事自由自在的写作。不只是我，很多工作苦闷的律师都被渴望写作的欲望所折磨，但又不能马上放弃工作全身心地投入。毕竟 1998 年互联网才刚刚初露头角，那会儿谁要想成功创业，第一件事就是学会写商业计划书，而不是其他内容。

但我不想这么做，也不想被所谓的商业投资威胁，成为好莱坞电影或者纽约出版公司这类大型机构里循规蹈矩的小齿轮。

在尚未辞职的四年里，每天结束无聊的工作之后，我都会上网浏览网页，希望自己有一天可以通过文字吸引粉丝，并以此为生。

没错，自打那时起我就打算创业了。然而，我从未参加过专业培训，也从未读过任何营销书籍，更没想过自己会成为一名成功的连续创业者。

那时的我想法很简单，只想先建立粉丝群体，然后再从中发现谋生之道。幸运的是，我的无知反倒成为一笔财富，因为互联网的出现颠覆了很多传统套路。

那个年代，博客还没有成为主流，电子杂志是内容传播的主要途径。所以，我开始创作幽默诙谐的文化类电子杂志并靠卖广告盈利。

从吸引读者的角度来说，我干得还不错，数以万计的读者订阅了我的杂志。我的文章还被《娱乐周刊》《视听》以及家乡的《奥斯汀纪事报》转载。

但现实却很残酷，我没有盈利。销售网络广告从来就不简单，对于 1998 年初出茅庐的我来说，更是难上加难。

我当时特别需要钱，但问题是我连可以销售的产品或服务都没有。

幸好，我的律师证还没失效，我决定先用自己的专业知识谋生。于是在 1999 年，我又创办了另外一本电子杂志。这次的主题是与互联网相关的法律问题。我希望在研究其他创业模式的同时，先通过这种方式积攒足够的客户维持生活。

这次的尝试让我大获成功，很快我就有资格拒绝一些客户，而只选择好项目以便维护最优质的客户。这次经历让我大受鼓舞，更重要的是，我迷上了内容创业。

与传统写手不同，我是一个以写作为辅的创业者，内容创业的方式非常适合我。

其实，我能成功的原因很简单：人们在极力回避营销和广告的同时，需要真正有用的内容。而我掌握了创作内容的技巧，也就是知道如何吸引和留住读者，然后将其转化为利润，进而获得成功。

尽管法律内容让我获得成功，可我始终对这一领域没什么兴趣，所以又将视线转移到了利润更为丰厚的房地产行业。但当时我对房地产内容和市场营销一无所知。尽管如此，2001 年至 2005 年期间，我从创建内容丰富的网站着手，成功创建了两家房地产网络经纪公司。

现在，我的收入可比留在律师事务所的收入高太多了，甚至比很多资深合伙人的收入还高。更重要的是，我意识到创作与目标群体相关的内容是成功创业的好方法。

2005 年，我又开始不安分了，我渴望尝试更多的盈利方式。事实上，我对房地产业也没什么兴趣，当时之所以选它，只是想证明自己除了法律还可以在其他领域取得成就。在梳理清楚自己的真实想法后，我的创业之路才真正开始。

2005 年 12 月，我注册了域名 copyblogger. com。2006 年 9 月，网站正式启用，旨在与人们分享价值内容和广告文案相结合的营销技巧。就是应用这一技巧，在之后的几年里我又成功创建了三家服务型公司。

文案博客（Copyblogger）的主题为内容营销。之所以选择了“文案博客”这个名字，要感谢乔·普利兹，也就是这本书的作者之一，本书第一章会详细讲述他的故事。

2006 年文案博客网站正式启用，一举成功。虽然我对这一领域仍然一无所知，仅凭自己的摸索分享心得，但人们已经厌倦了传统文章和广告文案的写作方法。我将二者结合起来并倡导一种全新的尝试，那就是通过内容来销售产品和服务，而不是依靠广告。

接下来发生的一切，超出了最初的设想。

2007 年至 2009 年期间，每年我都以“文案博客”为基础创建新的公司，其中多数为软件公司，并且每家公司都能在一年左右的时间内就获得七位数的利润额。2010 年，我将其中几家公司合并为文案博客传媒（Copyblogger Media），获得了更为强大的发展力量。

2014 年，文案博客传媒引进了一整套软件即服务系统（SaaS）以便更好地为内容营销从业者及互联网创业者服务。仅这一个项目，我们就赚取了 1 000 万美元的利润。

我们从未找过风险投资，也从未做过推广，但公司每年都在盈利。这一切都归功于 2006 年我所建立的忠实用户群。

类似的故事并非只发生在我一个人身上。有很多新的创业公司都得益于粉丝优先的方法，尤其是各类咨询网站。但这种方法却没有得到人们的关注。

终于，一篇关于文案博客传媒的案例研究，改变了人们的观点。

这篇文章出自纽约时报畅销书《精英企业家》（*The Lean Entrepreneur*），作者是布兰特·库珀（Brant Cooper）和帕特里克·沃拉斯科维茨（Patrick Vlaskovits）。从那之后，我的“最小可行受众”理念跨越了文案博客传媒的业务范畴，得到了更广泛的应用。

“最小可行受众”是指，当你的受众达到一定数量后，就可以通过他们自发的社交分享和口碑带来自然增长。与此同时，你还会开始收到有关受众想要购买产品和服务的反馈。

如果说《精英企业家》的那篇案例研究让很多创业者耳目一新

的话，那么，你手上现在拿着的这本书就是大师级的存在。本书提出了最安全的创业方式——内容创业，并提炼出六个关键元素，能够帮助大家避免我早期犯过的所有错误。

要是我能在起步阶段就看到《兴趣变现》这本书，毫无疑问我将取得更辉煌的成就。所以，准备接受风暴般的头脑洗礼吧。还有谁能比从 2001 年起就一直在谈内容营销的人更有资格写这本书呢？

“内容营销之父”这个称号对于乔·普利兹来说绝对是实至名归。他凭借自己所倡导的内容营销理念创建了非常成功的公司，充分验证了这一商业模式的可靠性。

乔在 2008 年说服我接受内容营销的理念，就像他说服全世界的营销部门采用这一营销手段那样。他是一个好人，更是一位伟大的布道师。

不用纠结何时起步，你的创业随时可以开始，“兴趣变现”就是最好的起点。如果你还在担心自己的策略和目标能否奏效，那就看看我是怎么做的。

2015 年 1 月，文案博客正式运行刚好九年后，我创建了一个名为《更近一步》（*Further*）的新闻电邮。这是一个关注个人发展的网络出版物，也意味着我再次踏入了一个一无所知的领域。

尽管这个项目是全新的，且没有既定的业务模式可以参考，但现在它已经拥有了一批“最小可行受众”。这样一来，我就可以更进一步发展它，并获得相关受众的需求反馈，乐趣和利润也就从这里开始源源不断而来。

这一切可能会成为我最大的成功，而你通往未来的路也将从这里开始。

布莱恩·克拉克（Brian Clark）

文案博客传媒总裁

序　言

怎样跟有“趣”的网民做生意

一提到兴趣，你脑中立刻浮现出什么？

“购物”“电影”，还是“摄影”“创作”。

以上提到的都是兴趣，略一思索，却发现动机不同。

兴趣的动机，一般分两种：一为享受，二为创造。

当我们表达自己爱电影、爱音乐、爱旅游时，动机是享受，即对享受别人创造的成果感兴趣。

当我们表达自己爱摄影、爱创作、爱手工时，动机是创造，即对动手创造一个新事物感兴趣。

兴趣相同的人更容易聚在一起，形成圈子。然后你会发现：爱摄影的圈子里，有人喜欢跋山涉水到处寻觅美景拍摄，有人则喜欢宅在家里欣赏邮购来的摄影画册；爱手工的圈子里，有人喜欢发挥想象创作自己的作品教程，也有人宁愿花钱买大神的教程来看，照着视频按部就班地完成手工。

有人喜欢享受，成了买家。有人喜欢创造，就成了卖家。

人的兴趣不止一种，圈子与圈子相互交织在一起。买家和卖家的界限越来越模糊，人们的角色不断变换，促成商业交易的发生。

新商业：从“物以类聚”走向“人以群分”的内容创业2.0时代

这个时代，“商业”变得越来越亲民。

为什么这么说？

以往的“商业”离群索居、高高在上。基本套路是企业伴随新技术产生而研发新产品，再通过宣传品牌故事创造品牌，从而占领某一产品类型。例如：丰田发明混合动力汽车，占领混合动力汽车品类；苹果发明 iPhone，占领高端智能手机品类。

这种“先产品、后用户”的模式，要经过供应商、分销商、零售商等等层级，才能将产品送达至消费者的手中。而消费者的声音想要传递给生产者，则要过五关斩六将，穿越重重阻碍，最终声音被消磨得微乎其微。

于是，企业想当然地生产了大量无用产品，你买或不买，它就在那里。在商品匮乏的年代，这一招很好用，是企业生存发展的基本法则。

多少年来，企业用这种商业逻辑不断创造新产品，扩大生产规模，直到有一天产能严重过剩。

“买方市场”来了。

产品过剩使消费者的选择空间越来越大。该信广告还是信口碑？消费者焦虑了。

于是，那些能够聚合粉丝、感知需求并能影响购买行为的人成了新的消费入口。

新的商业形态由此诞生，从“物以类聚”走向“人以群分”。

这也是为什么马云在2017阿里巴巴年会上提出“ Made in Internet ”概念的原因：在“Made in Internet”的生产方式中，企业通过互联网收集和聚合消费者的需求，再根据需求设计生产线和产品，以满足用户多样化、个性化的需求，形成“量体裁衣”和“私人定制”的生产模式。

兴趣社群是聚合潜在消费者、整理用户需求的最佳途径，同时兴趣社群内买家和卖家的共存让精准匹配有了实现的可能。这里不再接受已经生产好的商品，而是根据用户的差别化需求向厂家定制。

这是全新的消费关系：用兴趣内容聚合消费者，消费者需要什么，生产者就得生产什么。

这是一个逆向生产的过程：中间的经销、营销环节都被跨过，传统的供应链被反转，形成以“兴趣”为入口的新商业！这就是内容创业2.0的本质。

前段时间，网上出现不少“内容创业风潮已经过去”的声音。事实上，过时的是那些直接在内容中植入广告的做法。这种做法依托于粉丝数量，将金主的产品信息推给粉丝，与传统广告在本质上毫无区别，勉强可称作是内容创业1.0版本。

当然，在内容创业1.0时代，也有很多优秀的创业者和企业做出了精彩的尝试，无论是将内容产品化的得到，还是将产品内容化的六神花露水，都是1.0时代的创举之作。

随着流量红利逐渐褪去，简单粗放的做法已经无法吸引用户的关注。模糊的用户画像再不能为内容和产品提供指导，信任变得愈加重要。

用“兴趣”聚拢忠实用户，从用户需求出发设计产品的内容创业2.0时代，已经到来！

内容创业，让个体享受兴趣红利

内容创业，一定要辞职吗？

当然不是！

在充分互联的网络时代，每个人都有多重角色，每一种身份都在创造价值，而内容创业就是帮助你用自己最感兴趣的角色实现财务自由。

我的好友张大志，2017年初受邀成为微信读书讲书人。凭借自已对读书的热爱和在咨询行业多年积累的知识整理经验，用8个月时间为用户精心解读了上百本书，从而进入头部讲书人行列。前几天他告诉我："我可以退休了，因为这些内容已经成为我的'优质资产'，就算不再追加投入，也能持续地创收，且收入还不错。"

与此同时，这些优质内容还在短时间内积累了几万粉丝，他也成了所在组织的品牌大使。

内容创业，让企业成为共生平台

这是一个"兴趣变现"的时代。

这更是一个全民创业、全员营销的时代。

自媒体的蓬勃发展，赋予每个人发声的权利。

兴趣的巨大引力，让每个人都有可能成为小众偶像甚至大众偶像。

在员工个人价值不断得到放大的同时，企业与员工个人之间的矛盾也初现端倪。

老板希望员工稳定，而有能力的员工渴望创业。于是，正在创业的老板和想创业的员工永远在纠结。

解决问题的出路在哪里？

陈春花老师说："只有激活个体，组织才能具有创造力。"

为个体赋能是这个时代成功企业的新使命，而"兴趣"则成为企业与员工利益的重要连接点。企业提供平台，鼓励员工在平台创业，将员工的“个人兴趣”与企业的发展目标结合，让每个人都对自己的职业生涯负责到底。

天方夜谭吗？

海尔已经这么做了。

海尔“人人是创客”的组织变革，把 6 万多名员工变为自动自发的 2 000 多个自主经营体，使每一个经营体就像一家自主经营的公司，让每个人变成自己的 CEO。这 2 000 多个经营体不仅依存于海尔，还主动寻求外部合作，从多个渠道为海尔创造利润。

今天，企业发展需要遵循“共生”的逻辑，而其带来的核心变化就是独立个体的价值创造。

从今天开始，做自己想做的事吧

早在 2005 年，管理大师汤姆·彼得斯就把新商业定义为“公司责任的结束”和“个人责任的开始”。

于是我们有幸看到：

有个喜欢历史的人，做了一档脱口秀节目，他叫罗振宇。

有个喜欢读书的人，做了一个读书会，这个人叫樊登。

有个从小就生活窘迫的女孩，喜欢在脸上画超人来“武装”自己，后来她开办了自己的彩妆帝国，这个女孩是米歇尔·潘。

有位全职太太安·里尔登，用自己半夜喂奶的时间制作烘焙视频，后来成为 YouTube 上的“烘焙女王”。

如果你还不能为了自己热爱的事业迈出第一步，那么想象一下此后的人生吧。

最可怕的概括莫过于此：

孙庆磊

1980—不清楚

他本来可以做自己想做的事情，

但是老板不让他做。

而我希望，自己可以活成这样：

孙庆磊

1980—不清楚

他是一位实现自我价值的创造者，

不是“他很有钱”，不是“他很有名”，甚至不是“他做了很多正确的事情”，

而是，他是一位“实现自我价值的创造者”。

孙庆磊

Contents

目 录

第四部分　收获粉丝，成为影响力之源

第五部分　多元拓展，建立强大的个人品牌

第一章　内容营销之父的“非典型创业”

提起创业，我们脑中浮现的主角往往是一位在职场打拼多年的人士，某天在与领导的对话中，突然顿悟辞职，然后带着冲劲与对项目的一知半解“全裸上阵”。在夏天最热的时间段开着辆半新不旧的家用轿车，堵在寻找资源和投资的路上，苦不堪言。

这些经常出现在影视剧里的画面，让我们对创业望而却步。

想创业，必须辞职吗？

本书作者之一，美国内容营销协会创始人乔·普利兹显然并不这么想。

2001年，乔任职于美国奔腾媒体公司，这家公司最诱人的地方就在于它的各项优厚的福利待遇。与那些享受清闲的同事不同，乔喜欢自己负责的媒体投放和运营工作。他认真总结和发掘它的一切，就连长期躺在角落里落灰的数据报表，他都拿出来细细研究。

在研究过程中，他发现了一个现象：在互联网传播环境下，仅靠砸钱买流量越来越难以转化为消费者的购买行为，这种推广方式的性价比越来越低。

在旧方法行不通的同时，乔看到了“内容”的穿透力。实际操作中，他发现通过创作和发布有价值的、有相关性的、持续性的内容，能够有效吸引目标人群，并强化他们的信任，最后将这些信任行为转化为消费行为。乔把这种营销方式系统地总结为“内容营销”。对比传统营销，内容营销成本更低，获客更精准，且影响力更长远。

乔深信，随着互联网的持续发展，泛滥的信息和水涨船高的媒体推广费用必将给那些渴望成功的人们筑起高墙。而内容营销，正是解决此类问题的良药！

想法有了，理论也总结了，乔却并未以此为契机辞职创业，因为他觉得时机尚未成熟。在后来的回忆中他提到：“当时我只有内容营销的理念，但相关的操作方法和细节我并没有想清楚。所以我决定，边工作边完善我的创业思路。工作不仅能给我带来稳定的收入，还能让我有机会在客户身上实践这一理论，用来验证我的判断。事实证明，我的决定真是太赞了。”

此后六年，内容营销的方法为奔腾媒体公司的客户带来了巨大收益。乔也逐步升迁为奔腾媒体公司的副总裁，不仅拥有了诱人的年薪，还能享受公司红利，生活堪称完美。

偏偏这个时候，乔萌生了新的念头。

2007 年的整个冬天，乔都在反复考虑辞职的事情。尽管很早就有了创业的想法，内容营销的理念也已经成熟，但他依然非常纠结。纠结的原因，不是因为他舍不得副总裁职位，而是现在他已经有了两个孩子，房贷也没还完。

“我可以仅凭自己热爱的事情，养家糊口吗？”他不断问自己。

直到有一天，在查看自己的股票账户时，乔终于下定决心。“那天我突然发现，把自己的职业生涯赌给打工的公司，就像把钱投在股市里，股价是涨是跌完全不能由我说了算。即使我是一家公司的副总裁，也无法对公司战略产生任何影响。所以，我决定对自己的未来负责，把职业生涯掌握在自己手里。”

厘清了自己的思路，乔决定辞职创业。考虑到自己可能暂时没有收入，他用自己工作时的积蓄预定了一批可以售卖的产品。

准备了六年的创业，似乎马上就要一鸣惊人了。

可万万没想到的是，预定的产品出了一些问题，让乔的采购计划彻底泡汤。正当乔努力处理产品问题时，更糟糕的事情发生了，他的技术合伙人因为不相信能很快赚到钱，选择退出，这让乔的创业之路雪上加霜。

“所以我觉得，在职创业是一种非常安全的方式。我很庆幸自己没有在想到内容营销理念的第一时间就出来创业。因为朝不保夕的日子会限制我的创新思维，我会被收入问题所绑架。换作是你，也是一样。”乔诚恳地说。

当时，没有产品，又不能停滞不前，已经无路可走的乔做出了一个疯狂的决定！彻底颠覆传统创业“先产品、后用户”的顺序，采用“先粉丝、后产品”的思路。先集中精力吸引潜在用户关注，然后再想办法找产品卖给他们！

吸引谁呢？经过调研和筹备，乔将企业营销管理者作为目标人群，希望让这些人成为自己的忠实粉丝。

怎么做呢？乔决定从自己最擅长和最喜欢的领域出发。他用手上剩余不多的资金精打细算地创建了自己的网站，以每周三到五篇的频次发布“内容营销”文章。

乔的诚意收到了回报。几个月后，网站成功吸引到一小拨忠实粉丝。就是这一小拨粉丝，让他有了继续走下去的坚定信心。

之后“内容营销”理念逐渐被越来越多的企业接受并采纳，这一理念也成了乔·普利兹的个人名片。

今天，乔创办的美国内容营销协会已连续三年被评为全美成长最快的500家私营企业之一，他的网站是北美增长最快的商业媒体。过去四年，公司年利润都以50％的速度保持增长，早在2015年就已超过千万美元。

最低风险的创业，不是从产品开始！

每当被问起成功创业的关键，乔认为：最幸运的，是当初没有产品可卖！

很多时候，既有产品是创新的真正阻碍。以纸质期刊为例，多年来这个行业极力维护传统纸质期刊的利润，忽略了读者对电子读物的需求。结果呢？那些誓死捍卫纸质杂志的出版社最后只能关门大吉。

最低风险的创业不再是从产品开始，而是要从你最热爱和最感兴趣的领域出发，创建一个吸引粉丝的内容分享机制。借助内容的力量，只要你吸引到一群信任你的粉丝，就完全可以养活自己。因为每当你全心全意倾听粉丝的声音时，都能找到意想不到的盈利机会。无数事实证明，“先粉丝、后产品”的内容创业模型不仅风险极低，还能大大提升成功概率。

当然，乔认为这一切的大前提，是时机已经成熟。互联网时代平权运动的开始，让每个人有了实现“兴趣变现”的可能。

快！抓住互联网平权运动的机遇

还记得吗？十几年以前，企业与消费者沟通的途径只有八种：展会、邮件、电话、电视、电台、户外广告、杂志和报纸。影响力被死死攥在各大媒体的手里，谁掌控了渠道就掌控了受众。

但十几年后的今天，一切发生了巨大变化，互联网的进步，正在快速推动商业环境的变革：

1. 技术壁垒消失。截至2017年9月，全球已有26亿智能手机用户，中国移动互联网用户已达到12.3亿。在过去，发布内容是极其耗时耗力且耗资巨大的事。而今天，人们只需动动手指就能发布消息。任何人都可以随时随地发布内容，建立兴趣社群。

2. 人才充足。十几年前，想要找到特定领域的专业作家或是内容创作者，是一件非常困难的事情。现在，这种现象正在发生改变。原因有二：第一，传统媒体的不景气，促使优秀的记者、编辑和出品人开始跟企业合作；第二，人们可以通过社交媒体轻松找到内容创作者。也就是说，如今任何公司都可以拥有最优秀的内容创作团队，只要你愿意去找。

3. 人们对内容的接纳程度提高。从消费者行为中可以看出：

● 人们每天会用50%的时间浏览自己喜欢的内容。

● 70%的消费者更喜欢通过阅读文章而不是看广告来了解某个公司。

● 61%的消费者更喜欢能够提供定制化内容的公司，并更倾向于购买此类公司的产品。

● 90%的消费者认为定制化内容很有用，78%的人认为发布这类内容的公司愿意与消费者搞好关系。

由此可见，即便不是主流媒体，也同样可以获得大量受众。消费者乐于关注自己感兴趣的领域，或对工作、生活有帮助并能解决问题的内容。

4. 社交媒体需要内容。如果没有持续的、有价值有吸引力的内容，社交媒体就失去了存在的意义。任何人或公司想在社交媒体上获得成功，首先要提供有足够吸引力的内容，有趣和有益的内容会得到更好的传播。内容营销很大程度上依赖于人际传播，而没有内容的社交媒体也就失去了运转的驱动力。

5. 搜索引擎需要内容。每次谷歌、百度等搜索引擎更新算法时，都会考虑让那些对用户最有价值的内容跻身头条。尽管还没有做到尽善尽美，但还是相对公平的。这就意味着，只要精通内容创作和传播技巧，即便是一家小公司，也完全有可能在搜索结果中排名靠前。

对于个人创业者和中小企业来说，这些改变真是巨大的利好。科技进步让任何公司都可以通过内容传播建立粉丝群体。这是一次互联网平权运动，有钱的大公司不一定就是最终的赢家。只有提供有趣且高质量的内容，才能吸引粉丝的关注。

然而大部分创业者，仍在错误的方向上寻找终点。

创业者一直在错误的方向上奔跑

我们认为，那些跌倒在创业路上的创业者有一大半是因为专家的课听多了。一个在错误方向上玩命狂奔的人，怎么可能到达终点呢?

尽管互联网的巨变已经众所周知，但传统的创业思路仍在主导创业者的方向。

很多专家和创业机构建议：创业的第一步“要先确定产品”并“创建推广计划”。《从 0 到 1》的作者，大名鼎鼎的彼得·蒂尔也称要把全部精力放在开发能让全世界耳目一新的产品上。虽然蒂尔的确给创业者提供了一些很好的建议，但这一条与其他专家说的没什么区别：先找到痛点，再通过出色的产品和服务来解决这个痛点。

随便在网上搜一下，我们得到的建议大都如此。于是，环肥燕瘦的创业者们都挤进同一个模子里，渴望实现范本式的成功。

真是细思极恐！互联网日新月异地推动着整个世界发生巨变，而创业者得到的建议却几十年未变！结果怎样呢？根据美国人口调查局的报告显示，多数创业企业会在最初的五年内宣告失败，而其他数据显示的结果则更为糟糕。

既然市场的重心已经从产品为王到渠道为王，再到现在的用户为王，为什么人们还要因袭原来的方式创业呢？难道人类已经丧失创新能力了吗？

当然不！

根据三年来访谈的上百个案例以及亲身经历，我们发现了“先粉丝、后产品”的内容创业模型，它为世界各地的创业者带来成功。

中国故事大王凯叔，就是内容创业的典型案例。

“凯叔讲故事”的两亿创业神话

自打小时候起，凯叔就特别喜欢讲故事，从中外童话到四大名著，他都能信手拈来。高考时，对播音艺术有着浓厚兴趣的他顺理成章地选择了中国传媒大学播音系。毕业后，凯叔进入央视成为一名专业主持人。

尽管工作上顺风顺水，但凯叔总想做点自己真正喜欢的事。2013 年 3 月，追求“问心而生，随性而活”的他离开央视，开始创业。

虽然凯叔最初的创业项目是自媒体，但他总感觉这不是自己想要的方向。带着纠结与迷茫，凯叔暂时当起了“孩子王”，女儿的“睡前故事汇”由他全权负责。

别小看这份“工作”，凯叔的女儿对故事要求非常高，而且只听新的，不能重样。为此，凯叔就算出差也会每天给女儿准备三四个故事录音。一次不经意的机会，故事录音被发到了女儿幼儿园家长群里，这下可“惹事”了！幼儿园的小朋友竟然听上瘾了！

无心插柳，这个家长群成了凯叔第一批用户。

凯叔想，既然群里的孩子爱听，其他小朋友也可能会喜欢。于是，他又把故事录音发到了自己的微博上。在没有任何推广的情况下，故事录音仅靠内容魅力所带来的自动转发就吸引了很多粉丝。孩子们的喜爱让凯叔看到了商机，他决心以此作为自己的事业方向。

2014 年 4 月，凯叔在一套两居室里开始创作节目。家长群里的那些“种子用户”不仅频繁给凯叔提意见，逼着凯叔按照孩子的要求不断改进，更自发成为免费推销员，推动凯叔的社群实现快速增长。

凯叔的目标很单纯，就是把内容做到极致。凭他自己预计，只要内容够好，一年创收两三千万元是没问题的。截至 2017 年上半年，凯叔的公司员工已经达到 160 多人，而之前设想的两三千万只是现在的月收入。

把自己最喜欢和最擅长的两种事物巧妙组合在一起，这种强大的化学反应让凯叔创造了自己独特的优势，也打败了几乎所有主流媒体的儿童节目。“凯叔讲故事”近乎奇迹的创业历程背后，与乔·普利兹的创业理念不谋而合。

他们的成功源自与传统游戏规则的背道而驰。无论是独自创业还是寻求投资人帮助，创业者都没办法跟大机构比拼资源，使用同样的经营模式无异于以卵击石，面临巨大风险。而“先粉丝、后产品”的内容创业模式，能在最初阶段为创业者提供巨大优势。

文案博客传媒创始人布莱恩·克拉克也用自己的经历阐述了相同的观点：创业时既不懂营销也没有产品，这是不幸，也是万幸。

在长达一年零七个月的时间里，布莱恩在没有产品的情况下向目标人群定期发送非常实用的内容。他将最终目标定为：要创建人们主动寻找的内容，而不是那些借助付费推广才能见人的垃圾内容。换句话说：要让内容本身具有传播力，而不需要去花钱推广。如今，文案博客传媒已成为全球成长最快的软件服务公司。

在研究和总结内容创业模型的过程中，我们发现各行业众多成功创业者的发展路径惊人的一致。也就是说，乔·普利兹、凯叔和布莱恩并非特例。内容创业可以被复制，且有巨大的发展空间。

内容创业 2.0 模型

我们花了三年时间，根据对上百位成功创业者的采访，重新模拟他们的成功路径，并结合自己的经历，总结了这套切实可行的内容创业 2.0 模型。

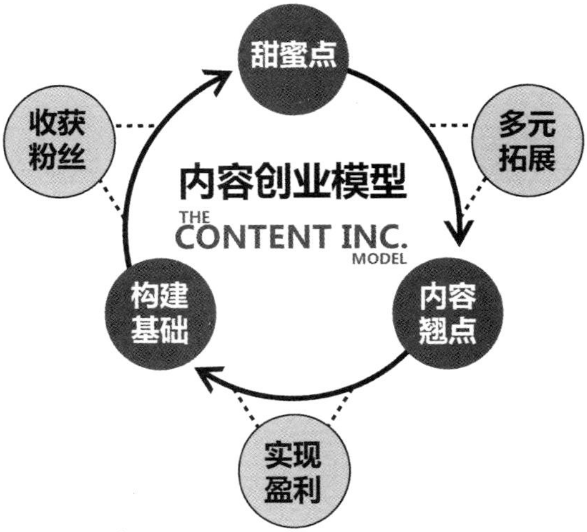

内容创业 2.0 模型

甜蜜点。当高尔夫球杆与球碰撞时，能迸发最远飞行距离的那个区域，就叫作甜蜜点。内容创业的第一步，就是把你很擅长的领域与兴趣相结合，就像两种物质发生化学反应激发一个新物种，这个新物种就是你的内容分享领域，也是你个人品牌的魅力所在。

内容翘点。确认了甜蜜点之后，你可能会发现相同领域已有不少竞争者，怎样才能凸显出来呢？这时候就需要确定内容翘点或者说差异点，找到一个没有竞争或竞争较少的内容聚焦点，立足于此，并脱颖而出。

构建基础。两军交战，要先选择有利地形修筑工事。在明确自己的聚焦点后，你就要根据内容策略，修筑内容工事了：选择一个目标人群聚集并适合内容呈现的渠道，在一段时间里坚持积累内容资产和粉丝人气。这一步，将成为你内容创业征途上最有力的后盾。

收获粉丝。内容创业与自媒体运营有很大不同：自媒体是为了“量”，旨在让付费广告被更多人看见，以点击量为最终目标；而内容创业是为了“质”，这一过程中点击量固然重要，但更重要的是将读者转化为潜在消费者。

多元拓展。积累了一定数量的忠实粉丝后，为了进一步扩大影响力，就可以拓展内容展示的渠道了。试着把你的项目想象成章鱼，每一个内容发布渠道都是它的触角，算算这些触角能抓住多少客户。选择恰当的时机，多元化地改编内容，投放到拓展渠道上。

实现盈利。好不容易完成了前五个步骤，盈利点在哪里呢？别着急，只要耐心倾听粉丝的声音，了解粉丝的特征、喜好等，盈利点便会自然涌现。而接下来你要做的，就是选出可以给粉丝带来价值的产品和服务，从他们那里获取利润。

整合营销传播之父唐·舒尔茨曾经说过：“世界上任何地方、任何公司只有一件事情不可能被模仿，那就是沟通的方式。我们与消费者的沟通方式才是唯一让我们与众不同的原因。”这也是内容创业2.0模型的初衷所在，即用良好的内容体验建立忠实社群，而非一味推销既有产品。

写给本书读者

在开展本书的调研之前，我们认为“创业”这个词是针对全新创业公司的。但现在看来，这样理解并不正确。正如埃里克·里斯在《精益创业》中所说，“创业型公司是指那些在极端不确定的情况下，创造产品和服务的组织。任何规模、任何领域以及任何发展阶段的公司和个体，时刻都应该是创业的状态。”

他的观点充分融合了创业精神及创业公司的理念，并且证明“创业”并不专属于全新的公司。

综上所述，内容创业2.0模型适合以下人群：

1. 创业者和在职创业者。无论你是全职创业者还是厌倦了朝九晚五，渴望在职创业的白领，是忙着上课签到的大学生，还是全职家庭主妇，只要你有所热爱并强烈希望实现自我价值，这本书就可以陪伴你成长，帮助你把兴趣变成一项赚钱的技能。

2. 平台型公司或组织。很多公司在增长过程中会遭遇瓶颈：员工缺少活力，市场增长乏力。你需要激活每个人的能量，把公司变成创业平台，把每个员工变成创业者。让他们将自己的兴趣与公司的行业知识结合，成为公司的内容营销大使，与客户深度连接。借此销售已有或者新增产品，抑或稳固客户忠诚度。而本书将帮你实现上述所有设想!

3. 增长停滞的公司。虽然目前你同时销售着很多产品和服务，但业绩增长却不尽如人意。你必须做出改变！洞察老客户的内容需求，并围绕内容发展新的粉丝，将为公司带来新的机遇！多年前，乐高也曾出现过停滞不前的阶段。为此，它重新评估了自己的用户和推广渠道，采用了新的内容策略。如今，乐高的事业蒸蒸日上，这一切都要归功于乐高所建立的多元化内容渠道。

2014 年，可口可乐拍摄了一个名为《内容 2020 宣言》的短片，宣布要从“创意极致”转向“内容极致”。一家百年企业都在不断革新自己，加入内容营销的行列，你也应该行动起来!

在本书中，内容营销之父乔·普利兹把自己创建美国内容营销协会时所采取的一切策略、方法倾囊相授。此外，两位作者还采访了国内外多位成功的内容创业者，这些案例充分验证了任何领域都可以凭借“先粉丝、后产品”的内容创业 2.0 模型获得成功。

感谢你与我们共同开启这段旅程。

作者为你划重点

● 仍有很多人还在采用“先产品、后用户”的创业模式。既然其中大多数都已经失败，你何必还坚持这么做呢？是时候改变一下了。

● 对于企业来讲，“大平台、小老板”已经成为趋势，你需要把公司变成创业平台，把员工变成创业者。只有激活每个人的能量，才能更好地赋能，更好地应对各种不确定性。

● 无论你是创业者还是成熟企业负责人，内容创业 2.0 模型都将帮助你构建正确的内容营销策略。

第一部分

甜蜜点，知识与热情的碰撞

成就一番伟业的唯一途径就是热爱自己的事业。

——史蒂夫·乔布斯

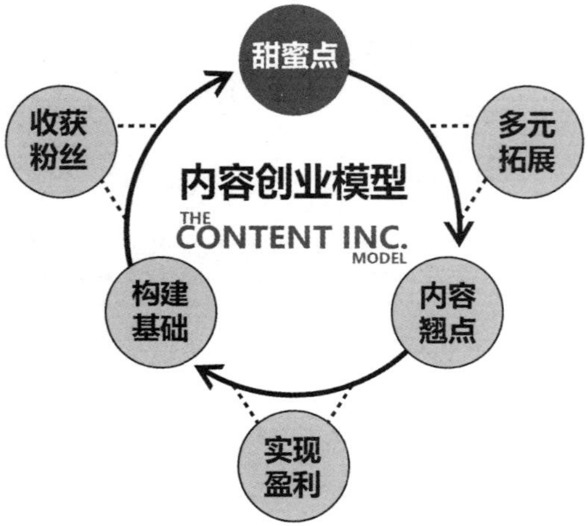

所有成功运用内容创业模型的人都有一个共同点，就是找到了一个可立足的内容领域。这个内容领域就像高尔夫球杆上的“甜蜜点”，只有击中这一点才能把球打出最远距离。

第二章 找到你的甜蜜点

玩也是一种生产力。

——马化腾

马修·帕特里克在一个偏远的小镇麦地纳长大。无须仔细观察就能知道，他是一个兴趣广泛的孩子。

痴迷游戏。马修曾把自己的卧室搞成了超级玛丽主题，还经常邀请小伙伴彻夜组团挑战《龙与地下城》游戏。

热爱表演。在大家眼里，马修是个表演天才。高中时，班里多数男孩都热衷于运动，马修却跑去给合唱团乐队拉中提琴，并积极参加每一场演出。

数学学霸。在大学期间，马修的数学成绩一直名列前茅。他曾在神经学专业的 SAT 入学考试中，一举拿下 1 600 的高分。

带着如此多光环的马修在大学毕业后，渴望在演艺事业方面大展拳脚。为此他特意搬到了纽约，参加各种表演。两年光阴转瞬即逝，马修试遍了所有能尝试的角色——也看到了普通演员的奋斗终点。简而言之，世事艰辛，这并不是马修所梦想的生活。

2011 年底，马修终于放弃演员梦，转而去企业求职。遗憾的是，很多企业并不需要一位演员。他发出了无数封简历，结果都是石沉大海。被逼无奈，马修决定自己做一番事业，让那些企业刮目相看。

关于事业方向，马修冥思苦想了好久。在一次观看某个游戏教程时，他突然产生了制作《游戏博弈论》视频的灵感。为什么不把自己对视频游戏的热爱和数学分析方面的才华结合起来呢？就这样，马修开创了游戏教育系列视频——《游戏博弈论》。

一年内，马修发布了 56 集视频，收获了 50 万粉丝，这些粉丝对如何将博弈论用在游戏中非常感兴趣，不少视频浏览量都超过 500 万人次。如今，马修的《游戏博弈论》已拥有超过 930 万粉丝，他还雇用那些世界级的 YouTube 明星为他站台助威，连高高在上的 YouTube 官方也请马修代言。

正如马修的经历所揭示的，内容创业要从找到“甜蜜点”开始。简单来说，甜蜜点就是知识领域与兴趣点的交集。两个毫不相关的领域碰撞在一起，激发我们进入一个新的思考路径。为了更清晰地说明这个概念，我们再来看看其他内容创业者的甜蜜点。

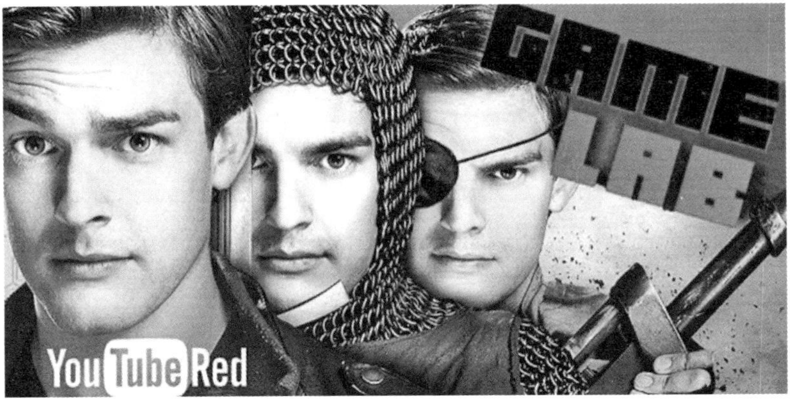

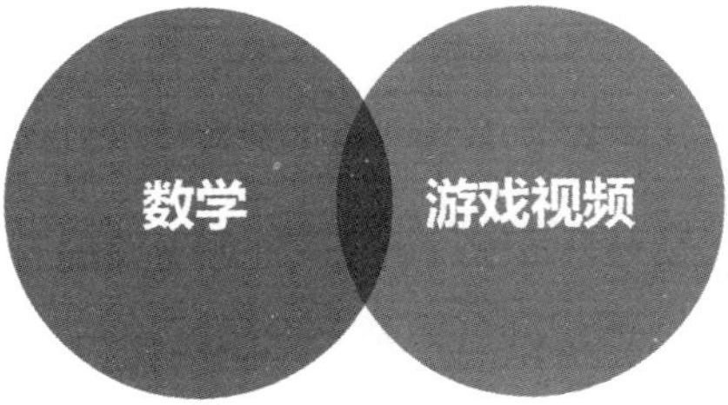

马修·帕特里克选择将博弈论与自己热爱的游戏进行结合，建立了甜蜜点，通过内容资产的积累把自己打造成了一个超级 IP

兴趣变现，从发现“甜蜜点”开始

红遍全球的辣椒先生——克劳斯·皮尔格德

克劳斯·皮尔格德是丹麦的一位音乐家，同时又是一位辣椒的狂热爱好者。他经常拍下人们吃辣椒时千奇百怪的“囧”样上传到 YouTube，以这种品评辣椒的独特方式收获了大量粉丝。

其中一个视频是克劳斯的乐队在国家剧场里边演奏边吃辣椒：演出的前半段，整个交响乐团中规中矩。一分钟后，乐队指挥坏笑着举起手中的小辣椒示意，演奏者也拿出了克劳斯精选的世界上最辣的小辣椒——卡罗来纳死神和魔鬼辣椒。演奏者把辣椒放进嘴里，一边嚼一边演奏。不一会儿乐手们开始出现种种“囧”相，他们不仅要死扛嘴里火辣辣的感觉还要集中精力演奏。而“不务正业”的克劳斯居然还在现场采访了一名小提琴手。这条视频给克劳斯带来了 300 万次播放！注意，这个数字已经超过克劳斯所在国家——丹麦人口数量的一半。

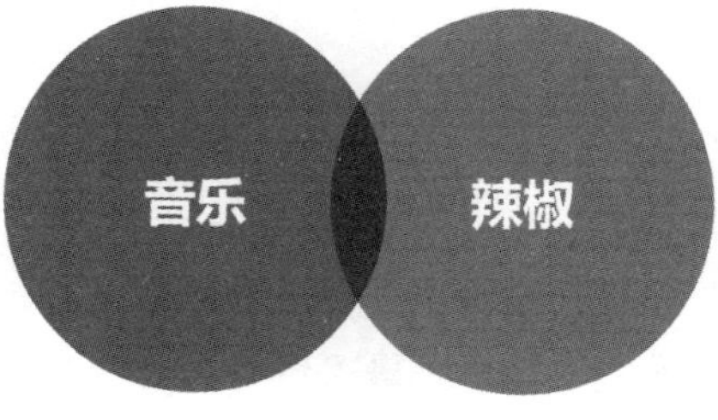

克劳斯・皮尔格德的音乐表演技巧与其对辣椒的钟爱碰撞出强大的甜蜜点

虽然克劳斯很早就是公认的天才音乐家，但直到他发现了将音乐与辣椒结合的甜蜜点之后，才真正成为了丹麦名人。

陪奥巴马夫人逛日本的女孩——米歇尔·潘

出生于 1987 年的 YouTube 红人米歇尔·潘是全球众多彩妆爱好者的启蒙老师。截至目前，她的化妆教程已被浏览超过百亿次。

米歇尔·潘从小就是同龄人里画画最棒的，但她的童年却非常坎坷。在米歇尔 7 岁那年，她的父亲嗜赌成瘾，输光家产后离家出走，从此她与母亲相依为命。因为生活艰难，她和母亲被迫一再迁移住处，还时不时遭到同龄人的欺负。就是这段时间，在脸上画画成了米歇尔最喜欢的消遣，她觉得化妆可以让自己化身为超级英雄。

2007 年的时候，为了回复两位网友的化妆问题，米歇尔偶然制作了一条彩妆视频，没想到居然一炮而红，一周之内就获得超过 4 万次点击。到了 2009 年，她在 YouTube 上已经做得风生水起，因此决定辞去寿司店的工作专心制作美妆视频。随着人气不断攀升，她吸引了传统时尚媒体的注意力，先后登上很多知名的时尚杂志并创建了自有护肤品牌 IQQU。

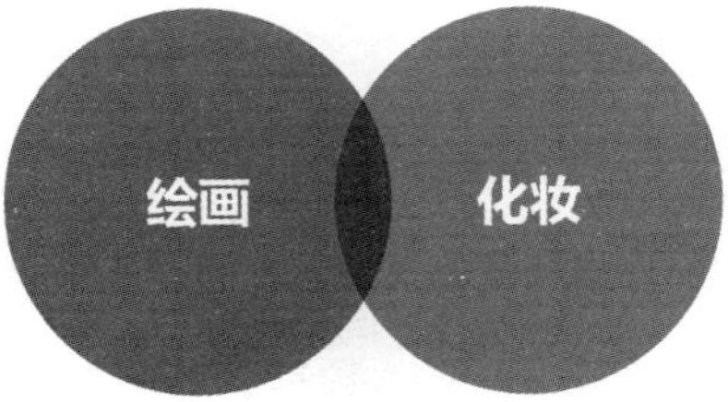

米歇尔·潘是个技艺超群的艺术家，她将对化妆的热爱与绘画技巧相结合，成功地让自己脱颖而出

全国最会学习的人之一——成甲

成甲是畅销书《好好学习》的作者。2011 年我们在北京大学组织了一场沙龙，校方推荐了一位“对学习方法特别有研究”的嘉宾，从那以后我就认识了这位“全国最会学习的人之一”——成甲。

在大学校园时，同学们都在忙着学习或恋爱，他却在研究有没有更高效的学习方法，他一方面研究国内学术大师的做法，另一方面也从心理学、脑科学，甚至哲学领域汲取灵感，记下了百万字的笔记，形成了对学习方法的独到见解。

在学习方法这个擅长领域之外，“好为人师”是成甲的激情所在。

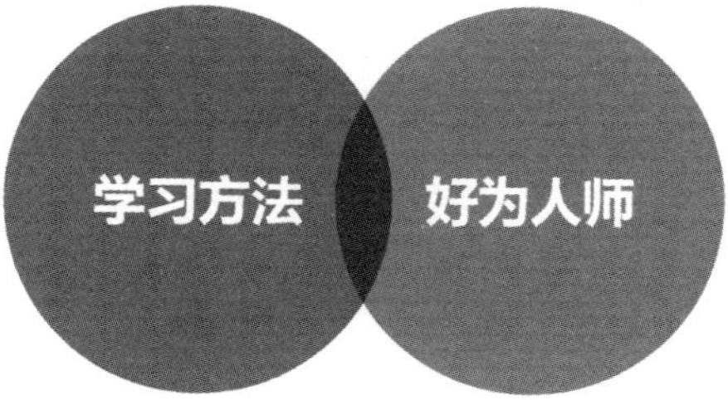

成甲的甜蜜点结合了他在学习方法
方面的知识与好为人师的热情

用成甲自己的话说：“每当我把研究成果分享给更多人，就特别有成就感，这大概就是我好为人师的动力所在。”这个信念贯穿了他的整个创业历程。在第九课堂时，他带着“好为人师”的热情与对学习方法的深度研究，以 9.95 的评分成为第九课堂最受欢迎的讲师！从这里开始，成甲开始扩展内容分享的渠道。除了在个人自媒体账号“成甲”更新内容之外，他还利用每周仅有的 10 小时空余时间，在“得到”APP 上开设了自己的读书栏目《成甲说书》。而“得到”APP 上聚集了大批同样热爱学习的人，大大拓展了成甲的粉丝群体。现在，成甲已经是学习领域最有影响力的个人品牌之一了。

一个养鸡专业户的媒体帝国——安迪·施耐德

家住美国亚特兰大的安迪·施耐德本来是一位养鸡专业户，如今却成为人们获取家庭养鸡资讯的第一选择。

最初，安迪只是在自家后院养鸡，直接卖给朋友，后来他开始通过电商销售。没想到的是，电商平台上居然有很多人表示对养鸡非常感兴趣，想学习养鸡的方法。乐于教学和分享的安迪立刻着手成立了“相约网”，专门回答有关养鸡的各种问题。

安迪表示，“所有人都来自亚特兰大都会区。我们一个月见一次面，在餐厅后面的会议室里聚餐，分享并学习彼此的经验。这种方式非常受欢迎，因此，我成立的相约网云集了成千上万志同道合的人。”这些粉丝将安迪称为“鸡语者”，这个称号并不表示他可以与鸡沟通，而是体现了他对养鸡知识的了解。后来“鸡语者”成为了安迪的个人品牌。

随着这个养鸡组织的发展，当地媒体开始注意到他们。哥伦比亚广播公司采访了安迪，并将报道刊登到亚特兰大的主流报纸《亚特兰大新闻宪政报》上。之后，安迪将“鸡语者”的渠道扩展到了图书、杂志和视频节目。到今天为止，他的视频节目已经运转了6年多，每周订阅量超过2万。在主要赞助商卡姆巴克饲料的独家支持下，安迪还在全国各地进行巡回演讲。

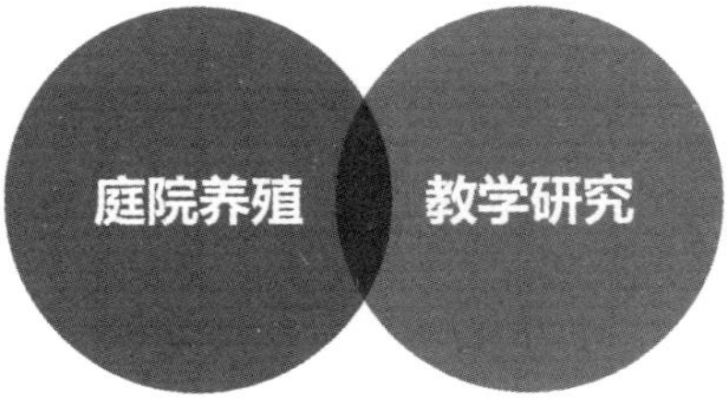

安迪·施耐德的甜蜜点结合了他在家庭养鸡方面的知识与对教学的热情

要是放在以前，你能想象一个养鸡专业户进行全国巡回演讲吗？但是今天完全有可能，所谓“冷门”的内容，只是没有找到正确的粉丝推广出去而已。

安迪的故事绝非特例，我有位在小县城生活的公务员朋友，他通过在 YY 直播上培训公务员考试技巧而走红，用他的话来讲：“我很了解怎样考公务员，同时又特别喜欢在网络聊天室‘YY’。”

扫描关注“**内容创业**”公众号
发送“**甜蜜点**”即可观看案例视频

建立甜蜜点第一步：确认你的知识领域

内容创业想要获得成功，你必须找到自己的“甜蜜点”。

建立“甜蜜点”的第一步是选择自己擅长的知识或技能。举个例子，内容营销协会创意总监约瑟夫·卡利诺夫斯基的知识储备涉及多个领域，包括：摇滚乐队 KISS、星球大战公仔以及威士忌杰克·丹尼。在上述领域，约瑟夫都能用他的知识碾压普通人。除此之外，他还是一位出色的平面设计师。

如果约瑟夫想要利用内容创业的方法在某一特定市场或领域建立社群，那么他便可以从自己的知识领域中任选其一，或者从平面设计方面着手发展。

从何入手

如果是个人项目，你可以列出自己超出常人的知识领域。这是头脑风暴阶段，所以多多益善。

知识领域或特殊技能：

____

____

____

____

下面是乔·普利兹的知识领域：

音乐剧	演讲
蓝调音乐	非小说类写作
橙色行动*	建立内容营销模型
克利夫兰	教书
80 年代棒球卡	

如何使用

找到知识领域之后，接下来就要准备释放你的热情。关于这一点，我们举个例子，来看看铟泰科技是怎么做的：

铟泰科技是一家业务遍布全球的制造企业，总部坐落于纽约北部，其核心产品是防止电子零件脱落的焊接材料。

铟泰科技的营销总监里克·肖特表示，他们员工的焊接知识堪称世界一流。虽然这么说感觉有点自大的嫌疑，但事实也的确如此，因为铟泰科技的大部分产品都基于焊接技术。另外，铟泰科技的企业文化是倡导知识共享。铟泰内部很多专家都乐于分享行业知识和技术经验，其营销团队同样也热衷于通过社交媒体分享这些知识。这种做法在制造类企业中非常少见，尤其是在 2005 年之前。

* 一个丹麦行为艺术家成立的人权组织。

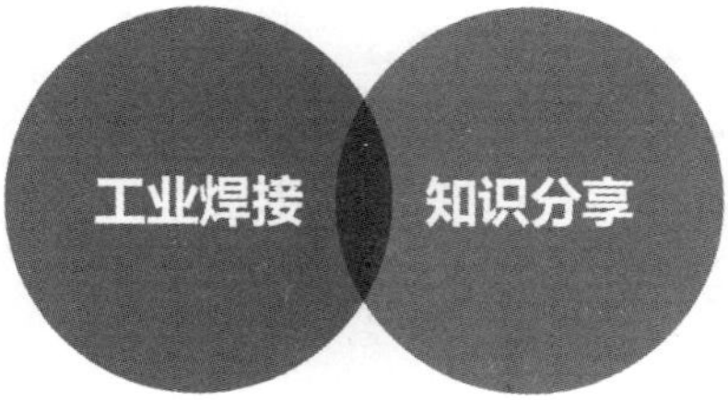

铟泰科技的甜蜜点使其成为焊接行业里的权威专家

铟泰决定为这个甜蜜点建立行业资讯网站。如今，公司已拥有70多个行业资讯网站和21位知名版主。从2005年开通第一个网站到现在，铟泰每年只花费以前营销费用的25%，却创造出了更多的利润。

建立甜蜜点第二步：找到你的兴趣所在

乔布斯在斯坦福大学2005年的毕业演讲中提到："你必须找到

自己钟爱的事情，因为做好一件事的唯一方法就是喜欢。如果你还没找到的话，那就赶快去找，不要停!”

这一观点正好与内容创业模型不谋而合。技巧是一方面，而兴趣和热情才是推动成功的原动力。这也正是为什么很多内容创业者愿意花几个月，甚至几年的时间打磨内容的原因。

马修喜欢游戏；米歇尔每天起床的第一件事就是化妆；成甲好为人师；而铟泰科技热衷于知识分享……正是这些“热情”促使一切成为可能。对于立志内容创业的你来说，热情便是推动一切向前的力量。如果没有热情，再厉害的知识都无法推动内容营销的发展。

这种碰撞的力量绝非一家之言。德·博诺在《水平思考》这本书里就曾提到“随意输入”技巧，意思是把两个毫不相关的词语组合在一起，帮助创新者摆脱线性思考的禁锢。当年，牛顿坐在家里的苹果树下读书，一个苹果砸在了他的脑袋上，这个偶然事件激发他发现了地心引力。

寻找甜蜜点，就是要把自己的知识领域和兴趣所在一一列举出来，思考各种有趣的组合方式，等待灵感迸发的瞬间。当然，这一瞬间只会发生在有准备的头脑里。就像马修在爱好游戏多年与储备专业数学知识之后，被一个游戏教程激发了灵感。

内容可以离开热情独立运转么?

勉强是不会有幸福的。

如果你对某类内容完全无感，那就很难做得出色。同样，如果没有热情，你所创作的内容也不可能打动读者。有些人特别擅长某个领域的内容，那是因为他们要么把这一内容当成学问潜心研究，要么便是对其创作的内容主题充满激情。

克里斯坦森在《你要如何衡量你人生》一书里讲到动因理论，意思是人要搞清楚一件事：到底是什么真正激励自己一直走下去。这个动因肯定不是钱，而是你发自内心喜欢的东西。

樊登读书会创始人樊登就找到了驱使自己不断向前的动因。在一次演讲中他提到，原来在电视台的时候，一提到录节目他就头疼。因为那些节目不是自己想录的，感觉自己一直在强颜欢笑，录完节目他就再也不想回片场了，全靠职业精神的约束在支撑。

后来，樊登从央视辞职决定做“读书”这件事。在他看来，读书能让自己充满激情。因为“读书”具有挑战性，每次都想讲到最好；其次他能从读书中获得成就感，通过分享知识让身边很多人走出困境，这一切都让他感到快乐。在这个过程中，樊登也得到很多读者的积极反馈，他们表示这个节目改变了自己、家人和朋友。而这种与用户共成长的经历，正符合樊登的事业追求。

克里斯坦森曾说："如果你能找到一份自己喜爱的工作，就会觉得这一生没有一天在工作。"为了读书演讲，樊登经常连续一周跑几个城市，家人和朋友都担心他太辛苦，樊登却乐在其中："每天睡到自然醒，给读者签名、拍照留念，空余时间还可以在当地玩一下。这是生活，不是工作。"

建立甜蜜点第三步：以用户价值激活甜蜜点

一位上市科技公司的CMO曾问我："为什么公司对内容营销一再加强力度，但粉丝增长速度却不断下降，销售转化也越来越困难呢?"

我问她："你的内容面向的用户是谁?"

她回答说："我们的目标用户群体大概有18类。"

我说："知道你的问题在哪了。"

甜蜜点是指在付出相同努力的情况下，能产生最多回应的那个区域。很多人没能成功开展内容创业模型，是因为他们找到知识和激情的结合点后就不再深入，沉浸在自嗨的状态里。所分享的内容都是他们的自说自话，根本没人在乎!

你的用户是"谁"?

想要激活甜蜜点，就要为你的内容设定清晰的目标用户画像。

也就是说，要时刻清楚你的内容是准备给谁看的，为谁提供价值。先围绕“目标用户”问三个问题：

1. 他是做什么的？他的生活方式是怎样的？

2. 他现在需要什么？注意，这个问题并不是问“他为什么需要我们的产品和服务？”而是要真正了解“他有什么问题需要解决？他对哪些内容有需求？”

3. 他为什么会关注你、关注你的产品和服务？这个问题是为了确保你提供的内容能引起他的注意。

回答了这三个问题，基本的内容用户画像就出来了。“内容用户是谁?”的答案不必完美，但必须具体。只有以清晰的目标用户画像为前提，才能保证你的内容是为他们量身定制的。

英国速度公司联合创始人道格·凯斯勒认为：“甜蜜点，应该是你比世界上任何人，或者至少跟其他人一样了解的东西。只有明确了你的内容是给谁看的，才能清晰掌握他们渴望的内容，从而帮他们节省更多时间，带来更多价值。”

R&S 纤维泳池公司的故事

直到 2009 年下半年，R&S 纤维泳池公司还仅有 20 名员工，这是一家区域性的纤维泳池安装公司。有段时间，受经济危机的影响，大家都舍不得买纤维泳池，一些已经签约的客户也纷纷打电话要求退款。

严峻的经济环境让公司连薪水都难以支付，差点儿关门大吉。这时，公司 CEO 马库斯·谢里丹想到个新的方法拓展市场份额。

两年后，R&S 纤维泳池公司成为北美同行业销量第一的公司。其营销费用从 25 万美元降到了 4 万美元，并且产品售价也比之前高出了 15%，销售周期缩短了一半。更重要的是，在其他泳池制造商损失了 50%～75% 市场份额的情况下，R&S 纤维泳池公司的营业额却增长到 500 万美元以上。毫无疑问，R&S 纤维泳池公司从困境中挺了过来。

马库斯到底施了什么商业“魔法”力挽狂澜？其实答案并不“玄幻”，甚至还有点单调。他只是把所有能想到的、客户可能遇到的问题和答案都写在了公司的网站和社交媒体上。在每一个能接触到潜在用户的渠道，R&S 纤维泳池公司的内容都树立了行业领导者的形象。

凭借内容的力量，R&S从一家区域小型公司发展为全国乃至全球性公司。世界各地的客户都邀请马库斯安装泳池，甚至还要求他本人亲自到场监督安装。但当时由于产能有限，他们只能为小范围区域提供服务。

后来，R&S纤维泳池公司决定生产自有品牌的产品。基于前期的内容铺垫，这一想法水到渠成。现在，R&S已经是纤维泳池领域顶尖的生产和安装供应商，这个高度是R&S公司在创业初期根本无法想象的。

一旦基于内容建立了社群，无数销售机会就会随之而来，R&S纤维泳池公司便是极好的例证。

对于那些购买泳池的客户来说，R&S公司和马库斯·谢里丹可谓是首屈一指的行业专家。但如果从一开始，马库斯就一味只推销泳池的话，结果将迥然不同。由此可见，成功的内容创业要从关注内容的使用者开始。

"用户"需求，赋予甜蜜点存在的意义

回顾鸡语者的案例，安迪·施耐德的甜蜜点就是把家庭养鸡知识与对教学的热情结合在了一起。现在，如果再将"用户"这一因素加入甜蜜点，安迪的甜蜜点就变成：为郊区业主解答有关家庭养

鸡的所有问题。

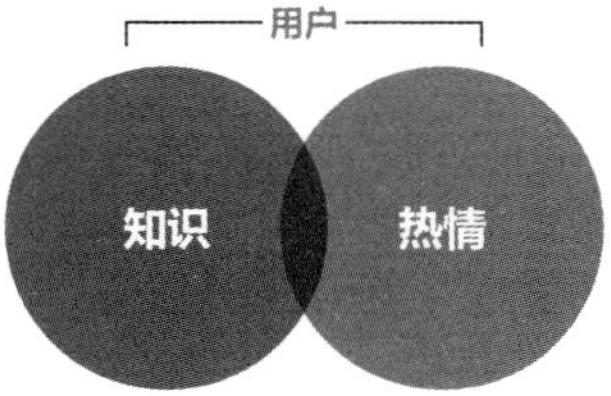

把目标“用户”加入这个组合，
甜蜜点便有了真正的意义

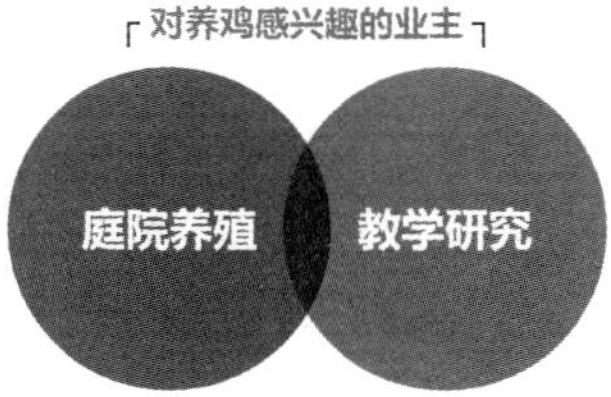

用目标“用户”将甜蜜点激活

建立甜蜜点第四步：初步构思你的内容策略

基于以上甜蜜点案例，在模型中添加用户维度之后，你就可以初步设计内容策略了。明确的策略将有效指导内容创作的方向，确认什么内容该投入更多精力以及什么内容不该做。

内容策略的基础框架如下：

使命宣言。我们将在第四章讲到。

目标用户。尽量具体。

头衔/职能。针对目标用户。

为什么这个群体很重要。考虑这些人的潜在需求和购买能力，第十三章“建立盈利模式”将做详细说明。

话题范例。内容话题示范。

下面以内容营销协会为例，对内容策略的设计做详细说明。基于内容发展的不同阶段，内容营销协会确定了不同的目标用户。请注意，2007 年协会刚创办时，仅设定了一类目标用户。后来在 2014 年和 2015 年，才增加了第二类和第三类用户。

美国内容营销协会内容策略基础框架

使命宣言： 促进内容营销的发展。

目标用户： 内容营销从业者。内容营销协会旨在帮助这些人在大型企业中策划执行内容营销策略。

头衔/职能： 内容营销总监、内容营销经理、数字策略经理、营销副总、数字营销经理、公共关系经理或总监、社交媒体总监、传播总监。

为什么这个群体很重要： 现在很多企业都把付费媒体当成营销的“特效药”。而内容营销协会认为：在未来十年内，营销将主要依靠来自品牌自身的内容，而非外部广告。当前企业还完全无法应对这种转型，他们需要大量内容营销策略方面的教育和培训。

话题范例： 创建内容策略；建立社群；内容运营流程化（包括不断获得管理层支持，持续用行动证明及进行成果汇报）；内容创作；内容推广及传播；评估投资回报率。

下面，再以“内容创业”为例，进一步说明内容策略的基础框架。

内容创业的内容策略基础框架

使命宣言：帮助创业者建立以“知识＋兴趣”为导向，而非以产品或服务为导向的创业模式，辅助他们创作客户主动寻找的内容，而不是靠给媒体付费才能传播的内容。

目标用户：创业者和准创业者、成长型中小企业。

头衔/职能：创始人、潜在创业者、首席内容官、中小企业主。

为什么这个群体很重要：我们认为，未来一代的新兴企业需要从关注和建立社群开始，而非一味研发新的产品和服务。

话题范例：如何从零开始创业；如何扩展内容营销规模；如何建立社群；如何选择正确的内容领域；如何发展社群；全员营销；如何创建盈利模式。

在电影《布达佩斯大饭店》中，服务生的任务就是要了解顾客，预知他们的需求。你也应该如此，了解未来用户需求，创作出精彩的内容让他们眼前一亮，甚至在他们意识到有这样的需求之前就完成这一切。

已经有产品了，怎样建立甜蜜点？

前面提到的内容，都是为了解答“从无到有的创业者该如何开始”的问题。但如果你已经拥有一家公司，也有了不错的产品，那么通过将知识与热情相结合的方式来寻找甜蜜点可能就行不通了。在这种情况下，另外一种甜蜜点模型将发挥作用。

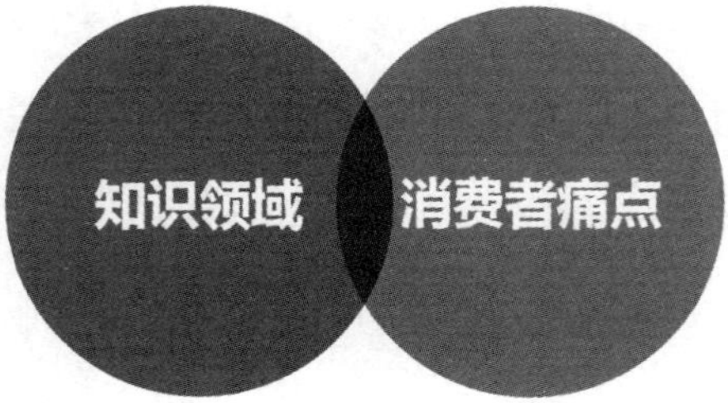

发掘大型企业的热情所在比较有难度，在这种情况下可以用
客户需求代替热情来寻找甜蜜点

为何要尝试另一种甜蜜点模型？这是因为企业的知识领域和兴趣所在可能与既有产品用户毫不相关。例如，联想集团的很多高管都熟谙商业策略，其内部培训水平也是业内最佳，但这些知识却无法帮助用户解决电子设备方面的需求。也就是说，联想集团所拥有的商业策略知识无法满足其目标客户的需求。

幸好，我们找到了另外一种甜蜜点模型。

从事内容代理的速度公司联合创始人道格·凯斯勒认为，适用于已有产品企业的甜蜜点可以概括为三个维度：大小、形状、深度。

大小——甜蜜点要集中于某一领域，要足够聚焦从而实现对这一领域的全面覆盖。

形状——准确掌握专业知识的界限。因为你对某个特定领域的了解并不意味着可以延伸到其他领域。

深度——要对专业内容进行通俗表达，不要搞得太深奥。

本章提到的两类甜蜜点模型在不同情况下都能产生作用，关键是要明确哪个更适合你。

在使用已有产品的甜蜜点模型时，可以采用头脑风暴的形式寻找产品可以应用在哪些场景？在这些场景里，客户可能遇到哪些问题？就像 R&S 泳池案例，他们把客户可能遇到的问题全部写在自己的网站上。当找到擅长领域与客户需求的结合点后，所有内容都要围绕这个点去打造。

汉仪是如何围绕字体产品建立甜蜜点的？

2009 年左右，字体行业进入反盗版模式，也就是说整个行业以打击盗版获得的执法收益作为生存支柱。但就在这个把版权视作生命的行业里，老牌字体公司汉仪却决定把字体与“共享”作为自己的甜蜜点。

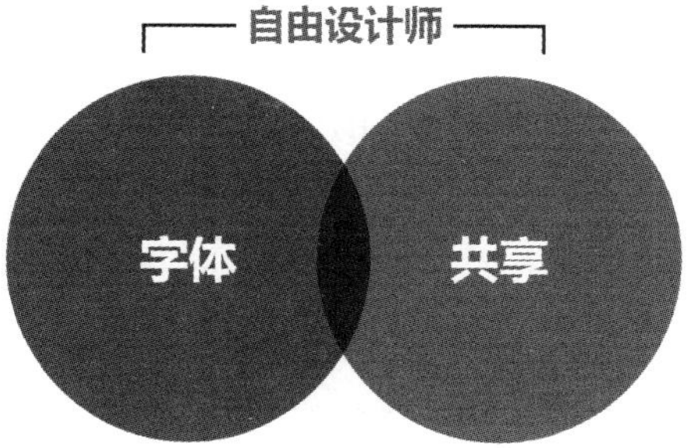

汉仪将字体产品免费共享给所有非商业用途的设计师

这个决定，来自汉仪对字体使用者的观察和了解。汉仪发现，在移动互联网时代，字体的用户从企业逐渐转向独立设计师。对这一群体而言，一套售价动辄成千上万的字体实在有些无力承受。不得已，很多设计师游走在侵犯字体版权的边缘，头上时刻悬挂着一把维权的“达摩克利斯之剑”。

汉仪针对自由设计师群体的这一需求，提出字体“共享”。他们不仅将产品使用权免费提供给非商业用途的独立设计师，还将产品挂到行业资源网站上。在过去，大多数此类网站上的字体都没有授权，盗版猖獗却难以杜绝。为此，汉仪索性与之合作，开放下载，一举收获了大批忠实用户。

汉仪字库 COO 马忆原认为，“只有对方心甘情愿认同我们的价值，才会对我们也有所回报。如果他们现在还没有回报，那可能是因为我们做的还不到位。”

在“共享”精神与字体产品储备的结合下，汉仪建立了自己的甜蜜点。积累大量用户之后，他们又开发了一系列关于鉴赏字体、选择字体、使用字体和开发字体的课程内容，免费提供给字体爱好者；同时还创立了专业级字体设计大赛“字体之星”，以选拔和扶持年轻的字体设计师。汉仪用立体的内容布局满足了目标用户群体的需求，为他们的每一个成长阶段提供全方位的内容支持。在拓展粉丝的同时，成功树立了行业专家的形象。

汉仪的故事，带给你哪些启发？

作者为你划重点

- 内容创业模型始于甜蜜点，即知识领域与热情的交叉点。对于个人创业者来说，只有热情才是持续向前、实现内容创业的原动力。

- 虽然我们掌握了很多知识和技能，但相比之下我们对热情的投入却少之又少。人生苦短，每天对着完全无感的事物简直就是在浪费生命，所以，找到你所钟爱的事物比什么都重要。

- 想要成功实现内容创业，你必须让粉丝产生“缺你不可”的依赖。也就是说，你要通过内容树立自己在细分领域的权威地位。

- 刚起步时不要贪多，内容聚焦一类用户就好，努力成为该群体信赖的专家。做到这一点，你才可以考虑进一步拓展用户范围。

- 如果你已经有了产品，那么考虑用客户需求代替热情来发展甜蜜点也是一种不错的方法。

第二部分

内容翘点，脱颖而出的秘密

战略的本质是选择什么不该做。

——迈克尔·波特

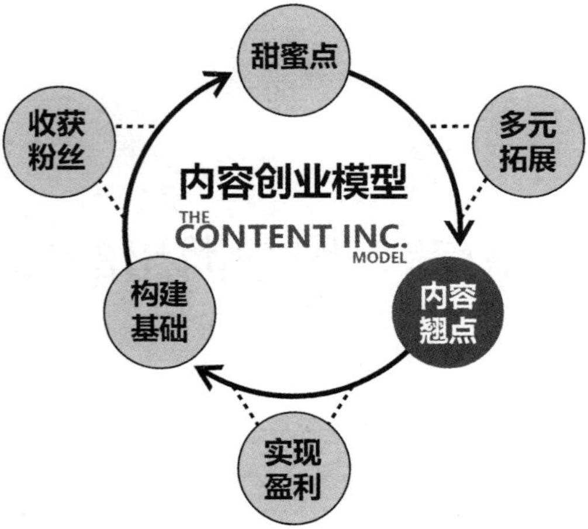

虽然甜蜜点是内容创业的重要基础，但翘点才是让你脱颖而出的关键。内容翘点就像“鱼钩”，能让一个熟知的主题摇身一变，成为吸引粉丝的秘密武器。所以，如果不能将内容“翘”到位，那么你的内容迟早会流于俗套，逐渐被人遗忘。

第三章　理解翘点的力量

世间最伟大的事莫过于与众不同、与主流背道而驰。

——伊利亚·伍德

《从0到1》的作者彼得·蒂尔认为，大多数企业只是在互相模仿，最终都以失败告终。他提出："企业应该关注那些尚未开发的领域，寻找尚未解决的问题。"可遗憾的是，不仅很多企业仍然在循规蹈矩地生产已有产品，就连他们生产内容也是如此。大量复制粘贴的内容充斥网络，人们毫无新意地重复着雷同的故事。

动手百度一下"营销技巧"，会立刻弹出一千万条搜索结果暴击你的眼球！可其中大多是振振有词地重复着别人说过的话，多数内容创作者根本没有找到自己的特色。

这就像说"我喜欢手工，那就开个手工的微博吧"，结果却是，网上已经有几十个手工创业者的微博账号。那么问题来了，人们为什么要看你的内容呢？你和别人有什么区别？特别在哪里？哪里更有趣？你凭什么让人家放弃已经关注的账号跑来关注你呢？

如果你还没找到这些问题的答案就开始行动了，这很危险！

辣椒先生风靡全球的奥秘

对于辣椒先生克劳斯来说，他的甜蜜点是将自己擅长的音乐表演与热爱的辣椒相结合。在动手创作内容之前，克劳斯意识到：虽然已经有很多内容专注于辣椒的“辣”，但却没有任何人发布如何“品味”辣椒味道的内容。

在采访中，他说：“有一年夏天，我无聊地坐在屋子里想，为什么不能像品红酒一样聊聊辣椒呢？谈论葡萄酒时，人们关注的不是酒精度而是各种细致的味道，像泥土、黑松露、烟草等香味，以及葡萄的产地、生产工艺等，评论辣椒也可以这么干啊。所以，我没有谈辣椒有多辣，而是在聊辣椒的产地、品种、香味。之后我还一边吃辣椒一边做各种事情并拍成视频，可能这就是我能走红的原因吧。”

克劳斯喜欢辣椒，但是直到他开始发布与“品味”辣椒相关的“奇葩”内容后，事业才开始有了起色。音乐表演与辣椒结合而生的甜蜜点，再加上内容翘点“品味”，成就了他的与众不同。

什么是内容翘点?

想要有效运用内容创业模型，你的内容必须是尚未被开发的领域，或者在已有领域力求做到与众不同。要想实现这些，你必须找到自己的“内容翘点”。

“翘点”这个词有两层含义：

一是指与众不同的印象。国内网红 Papi 酱，早期在很多平台发布过搞笑短视频，都没有走红。直到使用了精神分裂式的变声演出之后，才有了真正与众不同的“翘点”。内容还是那个内容，只是换了个新颖的表达方式，就给人留下了与众不同的印象，为传播效果大大加分。

二是指聚焦更细分的领域。就像准确投掷标枪一样，你的内容也要找到聚焦的细分领域。这么做可以准确定位入口，并从占领指定内容领域的高度审视和创作内容。就像彼得·蒂尔建议的那样，内容的开发必须基于尚未解决的问题，这就是“内容翘点”。

虽然确定甜蜜点是内容创业的重要基础，但翘点却是让内容在市场中脱颖而出的关键。《品牌领域》作者安德鲁·戴维斯把内容翘点称为“鱼钩”，一个熟知的主题摇身一变，成为吸引粉丝的秘密武器。所以，如果不能将内容“翘”到位，无法创作出与众不同的故事，你的内容迟早会流于俗套、逐渐被人遗忘。

从家庭主妇到百万粉丝的烘焙女王

悉尼的家庭主妇安·里尔登，现在被冠以“YouTube 烘焙女王”的称号。

她的华丽转变要从 7 年前说起……

2011 年，安生下第二个儿子后，决定在半夜喂奶时找点事情做。于是她从自己擅长的领域出发，创建了一个食谱网站，名为“怎样烹饪”。“我每周发布一篇食谱，并搭配一些视频。由于视频太大无法上传，我就把它们放在 YouTube 上，再链接到自己的网站。”

安原来是一位营养师，同时她又对教育很感兴趣，喜欢跟年轻人打交道。在结婚之前，她还曾申请到西澳大利亚贫困地区做义工。“我非常喜欢这份工作，它给我留下了很多美好回忆。”安说，“由于经费太少，我不得不自学为青年社团剪辑视频，或是自己动手料理饮食等杂务。时间一长就认识了很多年轻人，他们聚集到我这里学习烘焙，那段日子真是超级开心。”

看到这儿，你可能会说，食谱文章和烘焙视频没什么新意啊。你说的没错，一般情况下的确如此，但是安能成功的关键在于找到了内容翘点：她的烘焙教学聚焦于那些看似不可能实现的创意，比如把 5 磅重的士力架做成甜点，还有切开后完整呈现 Instagram 标志的蛋糕。

安的“奇妙美食创意”这一内容翘点是从千百个同类内容中脱颖而出的关键

“很多人初期在 YouTube 上发布视频的时候，都会效仿别人。可是，喜欢类似内容的观众早就是别人的粉丝了。”安说，“就在你喘口气的工夫，YouTube 上就有 480 分钟的视频被上传。所以我必须有一个强大的钩子，吸引观众关注我的内容。”

2012 年 1 月，安迎来第 100 位粉丝时兴奋得不得了。而三年后，她的粉丝已经超过 100 万，并且每周都会收到至少 3 000 条评论，视频每月播放量超过 200 万。除了从 YouTube 获得可观的广告收入外，她还发布了一个名为“惊喜蛋糕”的 APP 和一个照片分享 APP。不仅如此，安还得到铂富电器和康宁厨具等众多知名品牌的赞助。

扫描关注“**内容创业**”公众号
发送“**烘焙**”即可观看案例视频

是的，安找到了属于自己的甜蜜点，就是将美食知识与对教学的热情结合起来。而正是她那些不可思议的美食创意，成就了独一无二的内容翘点，推动安获得成功。

那么，你的内容翘点在哪里呢？

内容翘点的目标是打造头部效应

罗振宇说：内容产业有个残酷的逻辑，叫头部效应。因为你要的不是钱，而是要占领用户的时间。谁能占领用户的注意力和时间呢？取决于用户对时间价值的评估。郎朗钢琴音乐会的门票 2 000

元一张，县文化馆钢琴老师的演奏会门票免费，你可能仍然会去听郎朗的，这就是头部效应。也就是说，为了提高效率，用户只会把时间投入在该领域最好的内容上。

至于有些营销专家关于“你的内容没必要成为业界权威”的观点，足以证明他们完全不了解内容营销的真谛。诚然，大胆的目标都是有风险的，告诉用户“我的内容无可替代”或者“我要像一家行业媒体那样，用内容引导整个行业的发展”等说法听上去有点像在吹牛。不过，制定目标就是要有大无畏的精神。安于现状的人不适合内容创业这条路。

思想实验：如果你的内容消失了会怎样?

假设你的内容在一夜之间消失，就像从来没存在过。会有人想念它么？你的粉丝们会不会觉着世界上少了什么？

如果答案是否定的，那就有问题了。

我们希望粉丝关注我们的内容，不不，实际上是渴望。我们渴望这些内容能够成为他们工作、生活的一部分。

如今，用烧钱的方式换取人们的关注越来越难。今天、明天乃至未来五年，我们都需要提供最具影响力的内容来赢得人们的关注。

明确了这些，再回头检查你最初设定的内容目标，如果仍然觉得没什么不妥，那么这些目标就是非常适合你的。但是请记住，设定奋斗目标无法获得粉丝关注，只有找到“内容翘点”，然后在你的领域做到最好才行。

如何找到你的内容翘点？

想要促成内容创业模型，占据细分领域的塔尖位置并非易事。许多创业者虽然很清楚自己该立足什么领域、创作什么内容，但总感觉缺少点爆发基因，难以脱颖而出。这大多是因为他们没有找到自己独特的“内容翘点”。

下面我们就着手解决这个问题，为发掘内容翘点提供一些实用策略。

方法一：亚马逊新闻发布演练法

亚马逊公司慈善部门“亚马逊的微笑”项目总经理麦卡利斯特表示：公司在研发新产品时，CEO 贝索斯会要求相关人员模拟产品已经成型的样子，写一份完整的产品发布新闻稿。

麦卡利斯特说，“新闻发布演练比产品实验划算得多，也快得多。”

使用这种方法，有助于内容创业策略的具体化和形象化，同时更能快速定位到“翘点”，有利于内容和产品的脱颖而出。

现在，我们来看看“新闻发布演练”的核心提纲：

- **标题**。用读者可以理解的方式命名内容。
- **副标题**。描述清楚这个内容为谁而写，以及他们可以获得什么利益。
- **总结**。总结内容及利益点。
- **问题**。描述你的内容是如何完美解决用户问题的。
- **稿件引言**。引用公司发言人的话。
- **如何起步**。描述产品有多么简单好用。
- **用户证言**。假想用户的话来描述产品体验。
- **结语及呼吁**。总结全篇并为读者指明行动方向。

《快公司》称：“以上做法有效地帮助亚马逊员工以用户为导向完善想法和细化目标。”这个方法同样也适用于你和你的内容创业策略。

方法二：被忽视的免费神器——百度指数

类似百度指数、微信指数、谷歌趋势这些免费工具，可以帮助我们洞察网民兴趣和需求，是非常好的内容翘点研究工具，但却被很多人忽视。

随便在百度指数（网址：index. baidu. com）中输入一个词，例如“防晒”，你会看到该关键词的搜索峰值出现在每年的 5 月，也就是夏季来临之前。

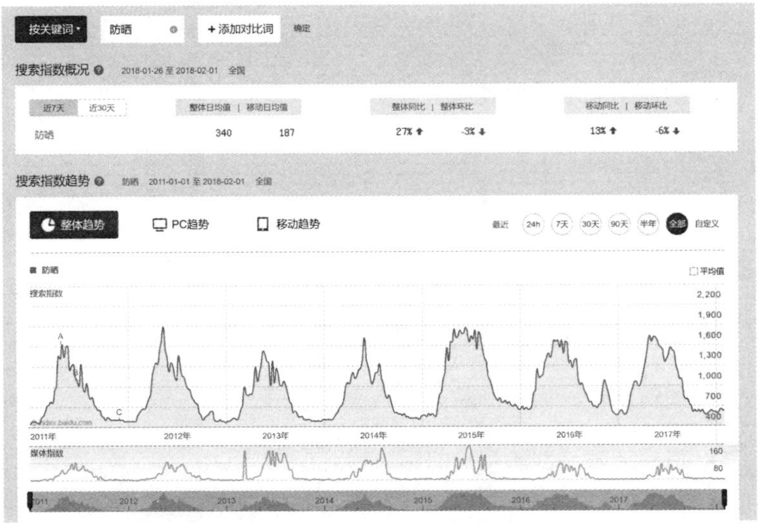

每年 5 月为“防晒”一词的搜索高峰

现在我们以“写作”内容为例。假如你喜欢写作，想在某平台开通一个自媒体账号专注分享写作知识，建立自己的社群。可现实是已经有了超多关于写作内容的账号，你该怎样找到一个有需求的细分领域呢？

看看百度指数是如何发挥作用的。输入“写作”，结果显示这个词的搜索频率其实并不高，甚至还呈下降趋势（这可不是什么好兆头）。

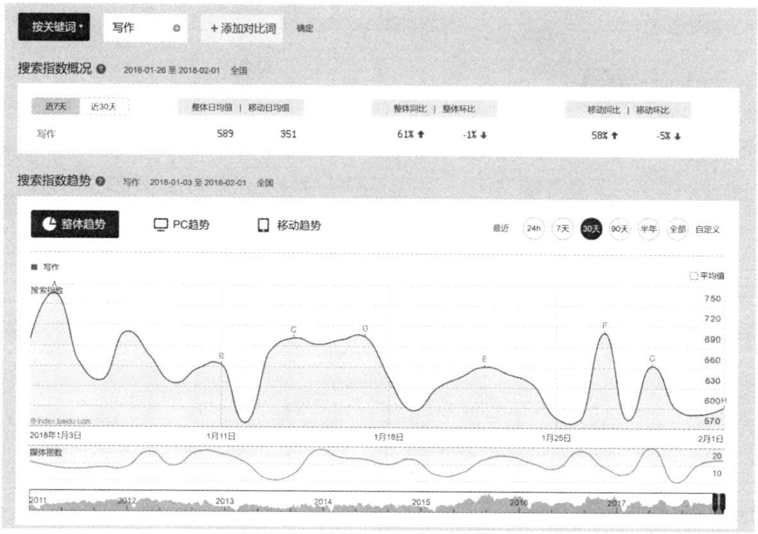

输入关键词“写作”，百度指数显示近期搜索频率明显下降

但仔细研究后，亮点被找到了。如下图所示，点击【需求图谱】这一栏，我们找到了内容翘点。在【需求图谱】区域，可以看到“作文”相关信息的搜索量比“写作”高出400%。再看看【来源检索词】，我们发现有关“公文”“应用写作”“写作软件”这类话题的搜索频率正在迅猛上升。点击【上升最快】还能看到近期搜索量上升最快的一些相关问题。

由此，我们从百度指数中得到启示：不要单纯关注“写作”这一宽泛话题，而要另辟蹊径尝试围绕“作文”（针对学生）或“应用写作”（针对白领）这些细分领域来发展相关内容。百度指数中的【舆情洞察】【人群画像】两项服务同样可以提供很多内容翘点的灵感。除此之外，它还支持多个关键词搜索数据的横向对比。

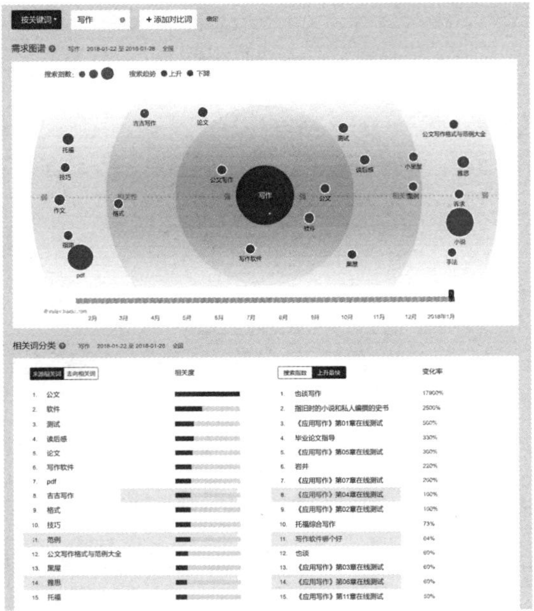

百度搜索结果的底部会显示【来源/去向相关词】和相关词【搜索指数】

方法三：向潜在用户征求建议

向潜在用户征求意见的做法非常简单有效，却也因为简单而经常被忽略。

最近，在一些企业论坛上，我们向营销高管们提出一个问题：是否为了确定内容机会或识别用户需求，仔细调研过潜在用户？现场答案让人失望：大部分人都没有针对潜在用户做过任何形式的调研。

现在，你可以抓住这个被大部分人忽略的机会，多跟用户交流。无论是面对面地询问潜在用户（可能是家人或朋友）还是通过网络发放调查问卷，你都应该将其视为定期必做的事情。这一点在初期发掘内容翘点时尤为重要。

建立观察哨

很多有经验的内容创作者都会建立自己的“观察哨”，这些“观察哨”潜伏在用户群体中，作用是收集各种反馈。对于所有编辑、记者及调研人员来说，设立“观察哨”至关重要。只有这样做，才能了解用户最需要什么内容。同时，“观察哨”还有助于找出内容翘点。

以下方法可以帮助你有效获得用户反馈，发挥“观察哨”的作用：

- **一对一谈话**。用户需求研究的权威专家阿黛拉·瑞莫拉认为，任何方法都不能替代直接与用户的互动和交谈。
- **搜索关键词**。利用百度指数和关键词搜索结果来追踪用户需求及上网习惯。
- **网站分析**。认真分析你的网站数据，查看访客浏览历史记录，找出用户关注和不关注的内容。
- **社交媒体倾听**。多关注豆瓣兴趣小组、百度热搜和微博话题榜，你会发现用户正在分享、谈论的事情以及他们在工作生活中遇到的问题。

- **用户调研**。可通过免费的网上调研工具进一步搜集用户的内容需求。

测试内容翘点的方法

Next View Ventures 是一家创业项目投资公司，公司 CEO 杰伊·艾坤佐每次考虑拓展新的内容领域时，都会先进行分组测试。比如，他在为一个目标内容市场搜集数据时，会将不同内容发送给不同的用户群组。之后对每份资料的打开率、点击率、参与度以及取消关注量进行研究。持续六周以后，他再从每组子类别内容中选出最受欢迎的内容。类似这种针对不同的群组，发送不同主题的内容以进行小范围测试，有助于“内容翘点”的精准定位。

《游戏博弈论》的创始人马修·帕特里克，也是通过测试找到了内容机会。马修说：“一开始我只是抱着试一试的态度接触 YouTube 平台，采用了 A/B 组的方式测试内容。日积月累，我逐渐了解了用户是如何使用这个平台的，还有 YouTube 系统推荐算法对内容推广的影响。”

马修从数据中了解到哪些内容更受欢迎，据此研究内容方向，达到事半功倍的效果。

“内容营销”概念的诞生

内容营销协会创建于 2007 年，尽管从 2001 年开始，乔·普利兹就一直使用“内容营销”这个词，但不得不承认，即使到了 2007 年，它仍然只能算是新生概念。

当时业界流行的术语是“定制出版”。但是，在与一些资深的营销从业者（内容营销协会的目标客户）深度访谈后，乔发现他们对这个词并不感冒。

那么，“内容营销”这个新概念会不会有机会呢？它会成为自己的内容翘点吗？想到这里，乔立刻使用谷歌趋势（与百度指数功能相似的免费工具）验证并查阅了大量的词汇变化，比较了当时流行的行业术语“定制出版”以及新生术语“内容营销”，乔的发现如下：

- 定制出版：如果这个词是一只股票的话，那么绝对不会有人买它，因为这个词的搜索量一直在下降。此外，这个词的许多相关文章并没有提到乔所倡导的内容创作，反而强调了定制出版图书这个观点，这种误导明显是个问题。

● 内容营销：当时这个词并没有被收录到谷歌趋势中。但如果能创建足够多的清晰正确的内容，将有机会掀起一场关于“内容营销”的风潮。市面上已经充斥了太多令人混淆的词语，诸如品牌内容、定制内容等等。这个领域需要一个新术语来整合。此外，在内容营销领域尚处混沌的情况下，内容营销协会可以迅速出击占领潜在搜索页面。后来，这一计划取得了明显成效。

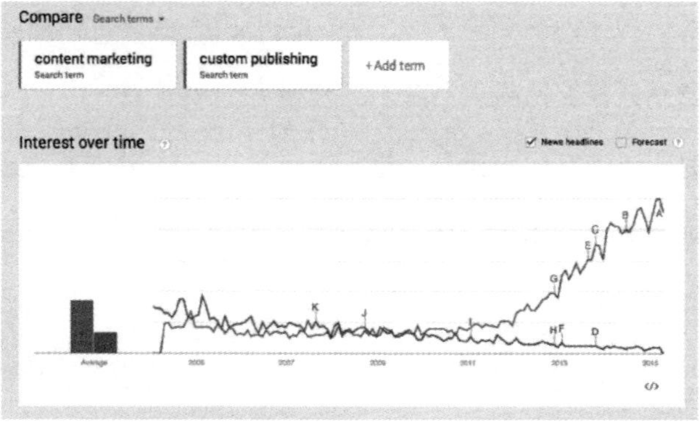

内容营销和定制出版这两个词在谷歌趋势上的发展路径完全相反

通过与潜在用户沟通并结合谷歌趋势这类免费工具，内容营销协会发掘了自己的内容翘点。

行动是第一生产力

介绍了这么多挖掘内容翘点的方法，但最关键的还是行动。只有你马上行动起来，才能发现机遇。

澳大利亚著名的社交媒体策略专家杰夫·布利亚斯从撰写名人新闻开始，一步步建立了自己的内容翘点（他所写的第一个人物是詹妮弗·安妮斯顿）。在起步阶段，他花了几个月的时间创作内容，才终于在社交媒体领域找到了内容翘点。这个结果正是来自杰夫的不懈努力和持续行动。

杰伊·巴尔也是如此。最初他建立了一个分享电子邮件营销内容的网站。在采访中他提到：我只用了 30 秒钟，就发现了一个有趣的现象：每当我在网站上发布一些关于邮件营销的文章时，大概会有 150 人次的访问量。而当我发布社交媒体相关文章时，访问量就会上升到 1 000。这种情况持续了有一段时间……虽然我不太懂统计学，但是我发现了这个趋势。所以我决定全力创作社交媒体营销的相关文章，让它成为我的业务重点，事实证明这样做是明智的。

一个行动胜过一打纲领，再多的研究也得靠行动来验证。如果杰伊没有展开行动，他就永远不会发现这些事实。所以你需要的就是马上行动起来，寻找你的内容翘点。只有这样，才有可能发现让你获得成功的内容领域。

对你的内容投入信心，让它与众不同

我经常问创业者一个问题："无论现在或未来，你都认为自己的产品是世界上最好的解决方案吗?”我之所以这么问，是因为很多创新型企业正是基于以上想法才选择创业的。他们在发现了某个用户痛点之后，就努力提供最好的解决方案。所以对于我的问题，创业者都会回答:“是的，我们的产品一定比对手更强。”

我接着问:“既然你对产品这么有自信，那为什么分享的内容不是这样呢?”我认为，这个问题的背后是心态的问题，创业者并不像营销从业者那样重视内容。在他们眼里，内容只是一些实践方法的随机组合，大家都只是在复制粘贴。他们心想:“我知道必须积极发展内容……可是，既然每个人都在创作内容，我们写的这些还有什么用呢?”

可事实并不是这样。内容营销的核心在于，你能否以独特的方式解决问题。你的产品可以，你的内容也必须可以。你可能会说:“营销太难了，我就想打造一款超级好用的产品，好用到只需用户插上电源就可以。”非常好！既然你对自己的产品这么有自信，那么也请你在创作内容时，像研发产品那样，不要一味埋头创作，而要先想清楚怎样才能与众不同。

很多创业者都坚信自己的产品能做到与众不同。尽管他们的项目已经有很多人在做，但是他们会说，无所谓，我不在乎，我会比他们做得更好。可每当谈到内容时，他们却说，不，我没办法做到与众不同。如前所述，这个问题的根源在于心态。

在我看来，创业者需要好好考虑如何选择适合自己的内容，以及用何种内容服务于产品，来帮助用户解决问题。如果你的内容已经切实反映出产品特色，但仍显得毫无新意，那么可能是产品本身出了问题。如果真的发生这种情况，你就需要重新审视一下产品部分了。但很多企业对这种说法不屑一顾，他们非常迷信自己的产品能比竞争对手更好地解决问题。而对于内容，他们常常没有这样的自信，也不愿意努力去做。

作者为你划重点

- 仅有甜蜜点是不够的，为了让内容创业模型取得成功，我们还要找到与众不同的内容翘点。
- 每天创作雷同的内容，对于读者或创作者来说都没有任何意义。不管内容发布频次或渠道如何，如果无法做到与众不同，就会被人们忘记。
- 百度指数的作用一直被忽视，你的任务就是利用这款免费工具发掘内容翘点。
- 如果你能先倾听用户的声音，而后再创作能够满足用户需求的内容，将会为公司带来更好的机遇。

● 你需要行动起来才能找到内容翘点。内容创作很难一下子就达到完美，所以你需要逐步推进，不断测试，直到找出合适的翘点。最好的方法就是立即开始内容创作并尝试推广。

第四章 发现内容使命

创建一个正确的使命意味着引入一种新的、可改变消费者生活的商业观点。

——菲利普·科特勒

内容营销协会曾经发布过30多款传媒产品，包括杂志、报纸以及展会。每次发布这些产品之前，乔都会用几天时间专门打磨它们的“内容使命”。树立使命宣言，就是在为内容营销策略明确方向。

如果将内容营销比作航船，内容使命宣言就是船舵。它能让内容策略聚焦，明确该做什么和不做什么，并指导团队所有人协调行动，将企业价值一以贯之。但现在，无论企业规模如何，其营销人员都过于陶醉在运营细节和所谓的“阅读量”中，却忽视了最根本的问题：为何采用这类内容和渠道？它们有助于价值的传递吗？“为什么做”比“做什么”更重要。

使命宣言表达的是公司存在的价值，也是创始人的初心。例如，西南航空的使命宣言是：让飞行大众化。沃尔沃的使命宣言是：提供最安全的汽车。说白了，使命宣言就是在回答“我们为何存在？”

如何打造你的内容使命？

在《内容营销时代》一书中，乔提到了内容使命宣言的三个组成部分：

- 目标用户
- 传达给用户的内容
- 用户收益

美国 Inc. 杂志的使命宣言

参照上述结构，我们看一下美国 Inc. 杂志的内容使命宣言：“欢迎访问 Inc. 网站！在这里，创业者和企业家都能找到有关经营的资讯、建议、资源和灵感。”

美国 Inc. 杂志网站

总结一下，Inc. 杂志的使命宣言包括：

- 目标用户：创业者和企业家
- 传达给用户的内容：有关经营的资讯、建议、资源和灵感
- 用户收益：经营发展他们的业务

这个使命宣言非常简单明了，并且避免了容易引起误解的词语，这些正是内容使命宣言的关键。

值得注意的是，Inc. 杂志的使命宣言中并未提及如何赚钱。在这一点上，创业公司很容易走入误区，将自己的盈利目标与用户的需求混淆。我曾经到访过一家酿酒企业，刚踏入市场部办公室，就迎面看到一个巨大的红色条幅，上面写着营销团队的使命宣言："想尽一切办法把客户的钱留下来。"完全从他们自己的角度出发，不知道客户看了会有什么感受？彼得·德鲁克说：企业经营应当从正确

的使命开始，盈利的考虑应该放在第二位。

记住：虽然创业一定是为了盈利，但如果总想在使命宣言里表达自己如何赚钱，内容创业模型就永远无法成功。

数码摄影学校的使命宣言

达伦·罗斯建立了两家极为成功的公司。第一个是 ProBlogger. com，聚焦小企业新媒体运营服务。第二个是数码摄影学校，专门为摄影初学者提供摄影技巧方面的内容。

但是，达伦最初的计划并不是这样的。他先是创建了一个相机测评网站，“在创办 ProBlogger. com 之前，我先开了一个相机测评网站。这是我的第一个内容网站，几乎每天我都想着怎样把这个网站做好，结果却不尽如人意。大家来我这里都是为了找相机测评的文章，看完就走，再也不回来。所以，我并没有真正建立起一个社群。在我看来，只有拥有持续性读者的社群模式才能真正达到目的。而且，我一直希望开办一个可以长期向读者提供帮助的网站。”

尽管最初的尝试并不成功，但达伦还是坚持专注于运营摄影网站。只是他改变了内容翘点，并全力专注于某一群用户。

“一直困惑我的问题就是聚焦点。”达伦回忆说：“最开始，这个网站聚焦的是一群摄影初学者，所以内容大多比较基础。有时我也在想，要不要把内容扩展为针对不同级别的读者。但在起初的两年里，我并没有那么做。我坚持讲授初级内容，直到这些初学者成长为有经验的学员之后，我才开始策划由浅入深的内容。现在看来，这样做是对的。”

这个决定见效了，达伦的摄影网站粉丝数量增长到了 100 多万。

现在，我们看一下数码摄影学校的内容使命：“欢迎来到数码摄影学校，本网站为数码摄影者提供充分利用数码相机的简单技巧。”

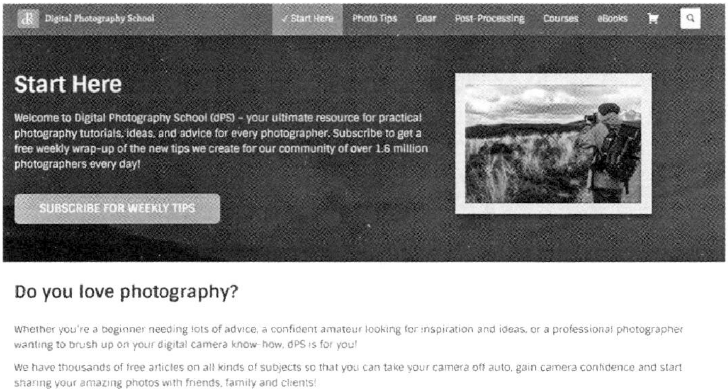

数码摄影学校网站

达伦的使命宣言包括：

- 目标用户：数码摄影者
- 传达给用户的内容：简单的技巧
- 用户收益：更好地使用数码相机

关于内容使命，达伦做了进一步诠释：“数码摄影学校中的‘学校’一词并非传统意义上的学校。这里没有课堂，没有老师，没有考试。我只是营造一个学习的环境。在这里，人们可以发散思维，分享摄影成果，相互交流等。同时，这里的内容完全免费。”

所以初学者及中级水平的摄影者都愿意参加达伦网站的课程。凭借出色的洞察力，达伦找到了自己的内容翘点，这就是：坚持只为初学者提供摄影技巧的建议，使他们能够立即上手使用。而原来的那些相机测评内容则随着时间的流逝而慢慢无人关注了。

真正需要关注的是需求而非痛点

樊登讲过一个很棒的比喻：关注痛点只能让你入门，因为解决痛点的是止痛药，它只能解决临时问题。只有维生素才能让你的用户一直使用，持续付费。在调研中我们也发现，越来越多的创业规划都仅仅是围绕痛点而非满足需求。

举几个例子：

理发师的使命是“把头发剪短”还是“让人变得更帅气”？

汽修厂是“维修汽车”还是“让驾驶更安全”？

理疗师是“术后康复”还是“让病人独立生活”？

我们的内容使命，必须挖掘用户的最终期待，帮助他们达到那个目标。一旦树立了使命方向，所有资源的调动都将效率倍增。

别再把诸如“如何省钱”“如何降低成本”之类的陈词滥调挂在嘴边了。相反，你应该把重点放到“如何帮助用户节省更多时间，使他们能够达到向往的生活”或者“如何成为一个与众不同的人”。

想要成功脱颖而出，必须让用户相信你的内容能改变他们的世界。

所以，就像彼得·蒂尔所倡导的那样，别总想着那些所谓的竞争，把产品强推给用户。你应该努力创作用户想要的内容，有了这个目标，才能把计划和团队调动起来，真正发挥作用。

你的创业项目名称体现内容使命了吗?

彼得·霍伊特是曾经的霍伊特传媒公司的CEO。他在一次演讲中提到，“霍伊特传媒”这个名字限制了公司的发展，于是决定将公司更名为“卖场协会”。没想到的是，改名后公司的利润直线上升。“卖场协会”业绩蒸蒸日上，规模大大超过预期。营业净利润在两年内从7%提升到了19%，并且持续保持利好势头，服务范围扩大到整个行业。

正是受到“卖场协会”的启发，乔决定将公司更名为“内容营销协会”。不是说这个名字有多好听，而是这一改变立即将公司定位成了细分领域专家。同时，人们很容易就知道这家公司是干什么的，所有信息一目了然。

通常情况下，人们能直接理解的名字要比花大价钱找点子公司取出来的花哨名字更有效。用成甲的话说，就是没有“记忆成本”，读者理解和记忆都不需要花费很多心思。一个好名字能够直接传递内容使命，并快速让人记住。相比之下，那些浪费脑细胞的名称就输惨了。

国内创业者的命名技巧

虽然在中国“协会”等字眼不能用作公司名称，但你可以尽量采用暗示企业使命的品牌名，比如“淘宝”“去哪儿”“首席内容官”等，都是既能凸显使命，又可用作商标的品牌名称。

另外，名字的读音也很重要。汉字的发音有四个声调，而声音的高低起伏能够表达不同的心里暗示。在万达期间，我曾经带队为几个新项目命名，大家提案了 500 多个名字仍未得到王健林董事长认可。沟通多次之后，估计是首富怪我悟性太差，终于指点迷津：“中国品牌取名最好使用二声，且为开口音。”我恍然大悟，再次提交的名字很快通过。

在汉语言表达中，声韵给人的暗示是非常重要的。比如，最后一个字二声声调是向上的，那么给人的暗示自然也是向上的。开口音多用来表达开阔、明朗、有力的情绪，给人感觉也是晴朗、透明的。而闭口音的发音低沉，多用来表达细腻、悠长、低沉的情绪。留意一下，你会发现古诗中的开口音与闭口音的排列关系都是很有讲究的。

如果你暂时没有公司，没关系，你可以从身边的小事开始尝试建立使命宣言，比如家庭使命宣言。

普利兹家庭使命宣言

乔是一个有信仰的人，他在自家厨房的墙壁上贴了一份家庭使命宣言，并且经常去看。他那 14 岁和 16 岁的两个儿子也坚持这么做。这个使命宣言是他专为家人设计的，指向这幸福一家的现在和未来。

作为普利兹家庭的成员，我们谨遵以下使命：

- 无论是在成功还是艰难困苦面前，我们都感恩上帝的赐福；
- 我们要时刻与他人分享，并在能力范围内向任何需要帮助的人施以援手；
- 我们互相赞美，因为上帝赐予每个人不同的天赋；
- 我们坚持有始有终，勇敢面对恐惧，并全情投入地完成当前的任务。

简化版：

感谢上帝，乐于分享，学会赞美，全力以赴。

每当孩子们不知道该做什么或不该做什么时，乔和他的太太便参考这个宣言，给孩子提出建议。最棒的是，每当他们家有人来拜访时，都会立刻注意到这个宣言，然后评论一番，这也是让普利兹家显得与众不同的“内容翘点”之一。

作者为你划重点

● 确定内容翘点后，就要着手树立内容使命了。完美的内容使命应该包括具体用户是谁、向用户传达的内容以及用户能够获得的利益。

● 许多公司都过于关注竞争环境，从内容角度来讲，你是在跟成百上千的信息源竞争。所以，与其把精力花在永无止境的竞争上，还不如关注你的用户。

● 诚然，只是关注痛点你也可以取得成功，但你可以把眼光放得再长远一些。如果你能帮人们生活得更好或者帮他们找到更好的工作，他们就会对你产生情感依赖，从而一直关注你的内容。

第三部分

构建基础，积蓄爆发的能量

九层之台，起于累土。

——老子

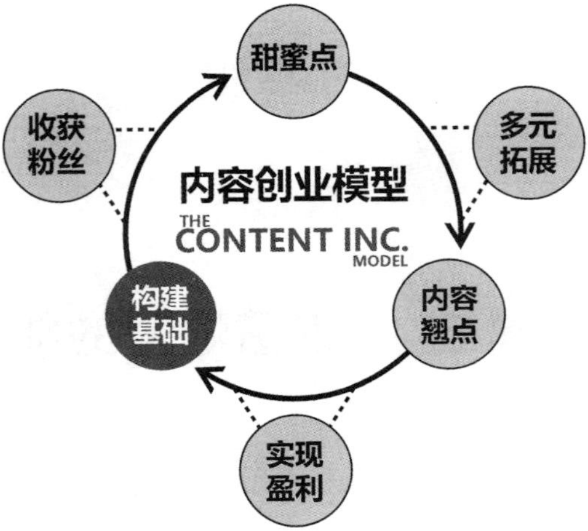

当你懂得把内容当作资产而不是营销手段的时候，你就理解了内容营销的真谛。内容营销和广告的最大区别是，如果某天你不再为广告续费，它就会从人们的眼前消失，但内容却能成为你的永久背书。内容创业的基础，是选择一个目标粉丝聚集并适合内容呈现的渠道，在一段时间里坚持积累内容资产和粉丝人气。就像两军交战，选择有利地形修筑工事，这将成为你创业征途的有力后盾。

第五章　选择核心渠道

要想富，先修路。

——俗语

喜马拉雅 CEO 余建军说："现在各个行业都在被解构和重组，无论是媒体、商业、通信，还是汽车等行业，都在发生变革。"

不难发现，我们频繁使用的滴滴、淘宝、微信、喜马拉雅等都有一个共同特点，那就是"大平台＋小老板"模式。它们都在传达一个信息：个人从组织中被解放出来，整个社会逐渐扁平化，很多个人通过平台为自己赋能，实现自我价值。

正是互联网时代各种平台的赋能，给予我们内容创业的机会。在起步阶段，我们要选择核心渠道，并且只选一个渠道作为内容大本营。这么做不仅可以把有限资源集中起来，还有助于粉丝认知的统一，这一点至关重要！等到积累了大量粉丝之后，才可以拓展多元化渠道。

我曾经看到很多没有经验的内容创业者，一开始就注册了所有渠道的账号，然后分身乏术地运营，结果把仅有的一点资源分散得毫无力量。

罗振宇的“交付”思维

在经营罗辑思维的过程中，罗振宇经常提到“交付”两个字。意思是说历史上知识都是以表达者为核心的，而现在要以用户为中心。从表达到交付，不仅要说出口，还要送到用户心里。

对于内容创业者来说，怎样把内容更好地“交付”给用户呢？我们主要考虑两个维度：

1. 内容类型：如何讲述？也就是你的内容传递方式，是通过文字、视频、音频还是现场演讲等形式来传播？

2. 内容渠道：在哪里讲述？也就是你的目标用户在哪里？用户在哪里内容就投放到哪里，这样才更方便被他们获取。

数码摄影学校为了给数码摄影者提供充分利用数码相机的简单技巧，选择通过网站发布这些图文内容。

《游戏博弈论》以视频形式为用户做游戏分析，所以马修·帕特里克选择在 YouTube 上定期发布视频。

罗辑思维在创业初期每天为粉丝发送 60 秒音频，在 2013 年能承载音频的平台本来就很少，同时微信公众号正处于红利的窗口期，无疑是最好的选择。

常见的内容“交付”类型和渠道

从上述案例可以看出，内容形式与交付渠道之间存在着一种“亲密关系”。那么，哪些形式有助于我们把内容更好地传递给用户呢？根据近几年众多中小型企业内容营销案例的筛选结果，目前最受欢迎的内容类型和渠道如下：

图文资讯

美国内容营销协会建立社群的主要渠道为行业资讯网站，最初每周发布三篇知识文章和最新资讯，后来发展到每天发布一次或多次。很多基于图文资讯的内容创业者都选择将网站、公众号或微博作为核心渠道。

除了知识和新闻资讯，图文还包括很多形式：

- **案例故事。**人人都爱听故事。相较枯燥的理论，我们更喜欢从案例中获取经验，这也是资讯文章的一种表现形式。微博“@社会化营销案例库”，就是通过每天推送的社交媒体营销案例，收获了大量的粉丝。

- **信息图表。**将信息、数据或知识转化成视觉图形再现，以图文结合的形式将枯燥的数据呈现为有趣的图文故事。

- **白皮书或研究报告。**白皮书是指通过对信息的调查、研究和统计分析，为读者决策提供参考的权威报告。这些报告深入研究讨论某个特定话题，内容严谨，具有很强的说服力。

- **幻灯片或 PDF 文档。**幻灯片通常用来做主题分享的课件或者用于陈述产品优势，这些内容经过重新编辑发布，同样可以吸引粉丝。

视频

视频是表现力最强的内容载体。手机端视频拍摄和剪辑软件的出现，让视频制作不再是专业人士的特权。2017 年 10 月 Adobe 发布的最新软件 Project Cloak 更是可以像 PS 修图一样修改视频。近几年移动互联网的提速也让视频用户数量飙升。而短视频的爆发，满足了用户的碎片化阅读需求。截至 2017 年 6 月，中国视频网站用户已经超过 5.5 亿，移动短视频用户超过 5.2 亿。目前市面上的热门视频网站有爱奇艺、腾讯视频、优酷土豆、哔哩哔哩等等。其中，财力雄厚的前两者抢占了不少 IP 资源，而后两者则比较倾向于原创视频，吸引了不少视频创作爱好者。

音频

随着现代营销对人们生活场景的细分，音频这类能够解放双手的内容形式逐渐占领了一席之地。音频的便利性极大扩展了它的使用场景，不管是在车上还是厨房里，甚至在运动过程中都可以收听。相比于过度开发的视觉营销，音频营销领域正面临着精品内容短缺的情况，在此类渠道发力，更有机会让你的内容接触到潜在的用户群体。

目前常见的音频平台微信读书、分答、喜马拉雅等都各有特色。以走大平台路线的喜马拉雅为例，包含了资讯、情感、娱乐、人文、科技，到儿童、戏曲等众多频道，听众类型十分多样化。

直播

截至 2017 年上半年，国内直播用户规模已达到 3.92 亿，生活类、秀场类和电竞游戏类内容在直播平台最受用户欢迎。2016 下半年开始兴起的直播连麦技术，让主播在直播过程中实现与用户的互动，甚至可以成为某个话题的在线讨论场所，大大提升了用户的参与感。当然，在线研讨会不仅可以在直播平台实现，微信群、QQ 群等都可以作为网络讨论平台，结合音频、视频与幻灯片的形式，进行实时互动和问答。

你对渠道具有掌控力吗？

选择核心渠道，还有一个重要指标需要考虑，那就是掌控力。比如说：那些将行业资讯网站作为核心渠道的创业者，如虎嗅、钛媒体、36 氪等，他们对网站有着几乎绝对的掌控力。但由于网站在初期阶段几乎没有流量，他们需要再建立一套吸引粉丝的体系。

相比之下，借助社交媒体强大的用户基础，公众号“六神磊磊”、视频“Papi 酱”则比“虎嗅”更容易被潜在粉丝发现。《游戏博弈论》的视频也是如此，YouTube 已经积累了大量的视频用户，只要《游戏博弈论》坚持更新优质内容，粉丝量就会自然增长。

但《六神磊磊读金庸》和《游戏博弈论》这些自媒体账号的问题是，它们对所在平台没有任何控制权。《游戏博弈论》虽然有 400 万粉丝，但从技术角度来讲，真正拥有这些粉丝的平台是 YouTube。说不定某天，YouTube 就单方面做出一个决定，比如把《游戏博弈论》关停，或者将其他类似的自媒体账号推荐给马修·帕特里克的粉丝。国内社交媒体也是如此，曾经有位网红被邀请参加某平台网红节，因为时间冲突无法参加，第二天其内容推荐量就降了一半。除此之外，还有很多因素会导致封号、禁言和不推荐等结果。

罗辑思维经过四年多的社交媒体账号运营，积累了超过 1 000 万粉丝。但随着自有内容渠道“得到”APP 的上线，罗辑思维不仅在视频尾声加入了渠道宣传，还在 60 秒语音、公众号，甚至户外广告上引导人们下载并使用“得到”。无论有意或无意，它都在将粉丝导向自己的专属渠道，这么做无疑可以更好地掌控未来。

由此可见，如果你在开始阶段不能强势掌控内容渠道，那么就要在适当时机将粉丝从这个平台转移到自己的渠道。

作者为你划重点

- 各个时代的媒体巨头都以类似的方式起步，即坚持多年在同一内容渠道发布同一领域的内容。

- 在选择渠道时，要事先想到掌控权缺失的风险，虽然其他平台上获得粉丝的机会更多，但相应的风险也大大增加。

第六章　如何创作爆款内容

一个创意若不危险，那它就不配称作创意。

——奥斯卡·王尔德

社交媒体营销专家马克·舍费尔在《热点》一书中提出“内容休克”的概念，意思是今天的网络正面临着信息大拥堵，网民难以用有限的时间应对无限的内容增长。所以，我们不仅要创作有价值的内容，还要努力让内容自身具有传播力。简单来说，就是我们的内容要让人容易发现并且愿意转发出去，从而吸引更多粉丝关注。如果没有粉丝关注，内容创业的一切努力就都白费了。

六条行之有效的内容营销守则

如何让自己的内容在网络世界里脱颖而出？为了解决这个问题，

本章提供了很多操作技巧。但在学习技巧之前，你必须牢记内容营销的基本守则。

在《内容营销时代》一书中，乔将内容营销守则总结为以下六条：

- **满足需求。**你的内容要能够解答用户已经遇到但尚未解决的问题。
- **持之以恒。**成功的内容创业者们都具有一个共同特征，那就是持之以恒。无论是月刊还是日报，你都必须按时发布。很多公司的内容营销之所以失败，就是因为不能持之以恒。
- **人格魅力。**找到你独特的说话方式，运用到内容创作当中。无论是诙谐幽默还是犀利讽刺，都没问题。关键是要有自己的独特风格。
- **抒发己见。**发布内容不是写百科全书，不需要绝对客观。看待事物要有自己的观点，这样你和你的公司才会显得更有价值。马库斯·谢里丹及其 R &S 纤维泳池公司能够取得成功，原因就在于他的内容所展示出来的诚意和直率，人们很喜欢这一点。
- **避免“推销腔”。**如果我们在内容营销协会发布的一篇文章中，只夸耀自己但对读者没有任何启发，就只能获得正常浏览和转发量的 25%。虽然有时候出于商业目的，你不得不这么做，但请记住：围绕自己说得越多，人们对你的内容就越不感兴趣。
- **争做业界第一。**这是我们一再强调的目标。刚开始你可能做不到这一点，但你要把它当成终极目标。做到它，就意味着你所传播的内容是迄今为止行业内最顶级的。如果你想要吸引读者，留住读者，就必须拿出最好的内容。

本书很多成功案例都验证了以上六条守则，请确保在内容创业的过程中时刻谨记它们。

怎样创作有价值的内容?

在传播公司工作过的人都知道，创意部门历来被看作是最不可冒犯的神人。因为他们一个个古灵精怪，鼓捣出来的创意动辄掀起成千上万人的追捧热潮，而这种成就感，正是他们从事创意行业的乐趣所在。内容创业也该如此，当看到自己的内容被众多粉丝膜拜，那才是真正的乐趣所在。

想要吸引粉丝的视线和膜拜，内容创作是关键！事实上，很多内容创业者都卡在了创作的第一步——内容构思。原因就在于他们没有找到正确的方法，为此，我们特别列举了一些成功创业者常用的思考方法：

方法一：被忽视的内容盘点

在决定创作内容之前，一定要先看看自己有什么。比如平时的研究笔记、拍摄的有趣图片和视频、公司的历史活动素材等等，这些经过再次编辑都可能成为绝佳内容。

为何要把这一方法排在首位？因为在跟很多专业机构和自由职业者合作发布电子书、白皮书时，我们经常在创作过程中突然发现，很多内容早已存在，只需要重新编辑即可使用。所以，事先做个简单的内容盘点可以帮你省下许多预算和时间。

方法二：50 个问题，深度洞察用户需求

有没有过这样的经验，你喜欢某个女孩想给她买礼物，却不知道她喜欢什么。如果你不知道她想要什么，买礼物就是件头痛的事儿。同理，你对用户的需求、痛点和期待了解得越多，为他们创造内容也就越容易。

前面提到的 R&S 纤维泳池公司，多年来一直以内容营销的方式促进业务发展，不断创造出客户需要的内容。你一定以为公司老板马库斯·谢里丹是安装泳池的行家吧，事实恰恰相反，虽然全世界都认为马库斯是纤维泳池方面的专家，但实际上他从没有亲自安装过任何一个泳池！而关于持续创作内容的奥秘，他总结为："终极的内容策略在于倾听。"

马库斯善于倾听客户和员工的声音，他是个完美的问题收集者。在收集大量反馈之后，他就会进行头脑风暴，思考内容创意。"如果

你想不出客户可能提出的 50 个问题，那就只能说明你的努力还不够。”他说，“如果你每周两次尝试找到 50 个问题并做出回答，那么这些收获足够支持你一年的内容创作。”

现在，打开笔记本，静下心来回忆几个典型的用户场景，问问自己：他们有哪些疑问和顾虑？他们正在做的事情和渴望的目标是什么？他们喜欢什么、讨厌什么？如果还不够，就到行业网站或论坛上去找，看看最频繁出现的问题是哪些？同行们最近发布了哪些内容？在收集过程中，不存在对错。不要停下来修改，只管把你想到的罗列出来，列出 50 个问题就可以停下来。然后你就可以回到这个问题列表，开始寻找宝藏了。

我有位朋友，每次动手研发某个产品之前，都会把电商网站所有同类产品的差评看一遍并收集分类，“差评”是用户需求和问题的绝佳聚集地。

方法三：百度新闻订阅是灵感仓库

百度新闻订阅是一项免费服务，打开百度新闻（网址：news. baidu. com），在首页的最下方有个【邮件新闻订阅】按钮，在这里可以根据你设定的关键词或分类新闻进行订阅。比如你对《我的世界》这款游戏感兴趣，就可以通过百度新闻订阅相关信息。只要百度发现新的相关内容，比如《我的世界》攻略或新版本发布，就会把这个内容发送到你指定的邮箱地址。同时，不要忘了百度指数和实时热点，它们也是非常好的内容灵感来源。

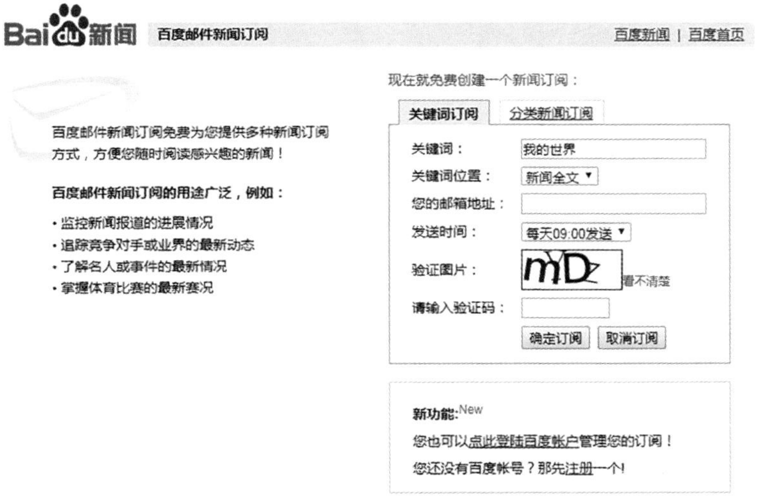

百度新闻订阅能够给你更多内容灵感

方法四：分析粉丝每日阅读数据

如果不是分析浏览数据，杰伊·巴尔可能永远不会发现他的内容翘点是社交媒体营销。在发布一篇关于社交媒体的内容之后，他发现网页浏览量比之前发布邮件营销文章时高出了两到三倍。

如果你也正在自己的网站上努力发文，那么建议你一定要注意每周的数据分析，这样才能发掘出人们喜欢和期待的内容。想要取得成效，就必须抓住用户认为重要的问题，并针对这个问题提供相关内容。

方法五：案例访谈的技巧

为了筹备本书，我们访谈了一百多位知名创业者，访谈是获得真实资料的重要方式。如果你也想通过访谈的方式获取重要且全面的信息，建议你除了邀约战略层面的决策人之外，更要与具体做事的中层人员进行深入沟通。因为相对于企业高层，这些中层人员往往掌握了更多细节。

访谈时注意不要设定案例框架，一旦你引导对方说出你预设的内容，就很难有新的收获。当我们拿起录音笔进行访谈时，对方很容易进入“官方”应对模式，这种情况下你收获的很可能是一些公关套话。更好的方法是，放轻松，用聊天的形式，逐渐让对方放下戒备。访谈过程中，你要把对方当老师，基于他的独特见解来构思你的内容。

方法六：定期组织员工讨论

许多员工不积极参与创作内容，因为他们不知道自己能为内容做出多大贡献。你要做的，就是从他们身上找到“原始”内容，即他们所掌握的真实信息。你必须告诉员工他们所提供的信息会经过编辑修改，只有这么做才能解除他们的后顾之忧。然后再通过以下方式获取信息：

- **与员工的聊天记录。**就像前面提到的 50 个问题和访谈技巧那样，你要做的就是让员工自在地表达。你可以请大家喝咖啡，边喝边聊，同时边聊边记录内容。围绕他们遇到的来自客户的挑战展开话题，不经意间你就能积攒二三十个内容点子。

- **员工的抽象表达。**如果员工觉得讲出来有困难，就告诉他们可以把想说的东西想象出来，然后把关键词或概念写到便笺纸上，甚至可以画出来。这是一种非常有效的表达方式。

方法七：看一本毫不相关的书

斯蒂芬·金说："不读书，就写不出好文章。"

每隔一段时间，我的灵感便会陷入枯竭，无论怎么努力都没办法想出好的话题。一到这种时候，我就会选读一本与自己的创作领域毫不相关的书。而在这个过程中，一些特别好的点子会突然冒出来。为此，我强烈推荐罗伯特·海因莱因的《异乡异客》以及经典著作《杀死一只知更鸟》，还有《银河系漫游指南》。

方法八：学会自由写作

《意外的天赋》作者马克·利维曾在他的分享课上提到一个词，叫"自由写作"。自由写作，也称意识流写作。它的特点是在一定时期内，作者可以不计较语法和主题，就是单纯地写作。马克将该方法应用到他的粉丝身上，以此来发掘他们内心深处的故事。你也可以应用这种方法，让灵感自然流淌。

《写作的终极秘诀》作者纳塔莉·戈德堡概括了自由写作的规则：

- 给自己设定个时间段，在这一时间段内写作，时间到了就停下来。
- 在这段时间内一直写，不要间断，也不要把内容分享出去，更不要回过头读自己写的东西。
- 不必在意语法、拼写、读音、格式、风格，因为没人会读你写的东西。
- 即使跑题了，没有灵感了，也要坚持继续写。实在不行的话，写废话也可以，脑子里有什么就写什么。总之，想尽一切办法继续写。
- 如果在写作中觉得实在无聊写不下去了，那就问问自己是什么在困扰你，然后从困扰你的原因开始写起。
- 到截止时间后再看你写的东西，然后标出可用于后续自由写作的、有思想的词语或段落。

为你的内容植入分享基因

我们经常看到很多社交媒体的营销案例中，一些内容动不动就有上万转发量。就像是总有那么一群网民什么也不做，每天就是攥着手机，时刻准备着阅读内容并转发出去。

然而遗憾的是，我们看到的只是案例包装出来的假象。绝大多数的转评赞都只是广告公司做汇报用的，刷流量已经成为一个巨大产业。而现实情况是，大家都不愿意转发别人的内容。

研究表明，人们一般不会分享他们在网上读到的内容，即便内容“还不错”。有人对数百万微信用户做了一项调查，结果显示，只有极少数人会将内容转发到他们的朋友圈里。

微博用户每接收 318 条内容才会转发其中一条。微信用户会转发文章的人数只占总阅读量的 0.5%。这些数据告诉我们，一定要创作人们喜欢转发的内容，并积极地寻找和培养这一小群超级粉丝，这对内容的传播至关重要。

五种内容分享基因

面对每天暴增的信息量，人们为什么会主动转发其中一部分呢？有什么规律吗？经过研究，我们发现人们转发内容的原因往往出于以下几种：

- **价值，还是价值。**我们一直强调内容价值的重要性。人们分享内容最主要的原因就是把有趣、有料的内容转发给身边的人。有超过90%的人说，他们在转发之前会认真考虑内容对别人有什么价值。

- **身份认同。**转发是为了含蓄地向别人介绍自己。近70%的人说，他们分享内容是为了让人们能够更好地了解自己，了解自己所关心的事物。有人提到："我尽量分享一些能够强化个人形象的内容——体贴、理性、和善、投入、对一些东西很热爱——让别人看到我所希望呈现出来的样子"。

- **参与感。**70%的人愿意分享内容是为了增加他们的参与感。分享并获得积极的回复，这一过程让他们觉得自己很受重视。

- **榜单体。**人们热衷于排行榜，特别是好面子的中国人。每年各行各业都会以各种理由进行榜单投票，人们总是乐此不疲地为自己拉票。

参与带来流量，榜单关联越多人，这个内容在搜索引擎的排名就越靠前。内容营销协会的最佳内容几乎都是榜单形式。在所有榜单体中，效果最好的就是业界风云人物榜单。《福布斯》杂志是这一领域的鼻祖。该杂志每个月都会总结出许多方面的"最佳"。

《福布斯》整理出诸多“最佳”项目，包括上图内容

- **情感共鸣。**精神分析学家唐纳德·温尼科特发现，人生第一个情感动作就是用自己的微笑回应母亲的微笑。寻找快乐是我们与生俱来的天性，快乐也可能驱动我们的行为。温尼科特对婴儿“社交微笑”的研究表明，在分享的时候，快乐感也会提升。

快乐是网络分享行为的重要驱动力。想一想你给朋友分享的内容，大部分是开心的、有趣的，对吧？还有很多和你一样的人！一项研究考察了网上被分享最多次的文章，发现了三种主要情绪：

25％是令人敬畏的内容

17％是让人欢笑的内容

15％是娱乐或者八卦新闻

在社交媒体上分享最多的内容中还含有激励成分，其中包含以下关键词：

- **给予。**报价、折扣、交易，或者能够给广大读者带来优惠的内容。

- **建议。**提示，主要是关于普遍会遇到的问题，例如，如何减肥或如何选择大学。
- **警告。**关于潜在危险的内容，可能影响到任何一位读者。
- **激励。**励志名言，不管你是喜欢还是讨厌，它们都很有用。
- **团结。**强调危险、邪恶、敌人，或个人、集体的需要。

同时，我们还发现了一些妨碍内容分享的行为（不要这样做!）：

- 只谈论你自己
- 过于尖锐或盛气凌人
- 太隐晦或太小众
- 发一些没人能看懂的内容
- 到处求赞

把之前提到的五种“分享基因”植入你正在创作的内容中，更有可能激发读者的转发意愿。此外，要实现转发，还有一个大前提：要让你的内容被活跃的、有需求的人群看到。

让有需求的人找到你

当我们产生问题时，通常会怎么做？广告说得好：“百度一下，你就知道。”搜索是最好的老师，生活中，人们有一半的内容接触来自搜索。所以，怎样让内容出现在搜索结果的靠前位置，让有需求的人找到你，是脱颖而出的关键。

幸好，有人专门研究这个课题，并提出了“搜索优化”的概念。“搜索优化”就是指通过内容设计和技术优化，让我们的内容展示在搜索结果的靠前位置。而今天要讲的“搜索优化”不单指百度搜索，也包括了微信、微博、视频等平台。

刚开始做内容时，我相信搜索引擎喜欢原创内容，以为只要坚持发布原创内容，就能源源不断地吸引粉丝。直到有一次，我百度了一下发布过的文章关键词，结果让我震惊！有人把我的文章重新修改，用他自己很拙劣的文笔转述了跟我一样的理念，甚至连段落分布都相同。唯一不同的是，他的文章排在搜索结果第一页的靠前位置，而我的内容出现在第三页。从那以后，我决心要把搜索优化做好。

自从重视搜索优化以后，我的内容阅读量几乎翻了一倍，大多数注册用户也来自这里。无须赘述，原创内容固然重要，但搜索优化才是吸引粉丝的最好方法，没有“之一”。

实际上，搜索优化是一个很专业的技术，对我们这些普通人来说难以快速掌握，但只要掌握搜索优化的基础方法——“关键词”，就能有效提升搜索排名。

用好关键词让内容脱颖而出

无论是百度搜索还是微信搜索功能，都是根据用户输入的关键词，抓取那些相关内容进行展示。关键词是搜索优化的基础，简单来说，就是要思考目标人群在搜索相关内容时喜欢使用哪些核心关键词，然后将这些关键词植入到你的标题和正文里。

在思考和收集核心关键词时，你可以从以下几个方面入手：

- **关键词要跟你的内容使命相关。**

先问自己："我选的关键词和内容使命相关吗?"

很多运营人员都会进入一个误区，就是沉迷于阅读量，所以网络充斥了大量毫无质量的标题党。而内容创业需要的不仅仅是阅读量，更重要的是让这些阅读的人成为你的目标用户和忠实粉丝。假如你的内容主打"英语培训"或"30天口语速成"，就不要想着靠"范冰冰"或"雷布斯"这类关键词带来阅读量。靠八竿子打不着的热点、性、恐怖事件甚至带有欺骗色彩的关键词，吸引来的阅读量毫无价值。这样的内容不是企业资产，而是负担，因为它们除了损害你的形象，别无他用。

- **借助工具寻找关键词。**

为了更高效地寻找既有相关性、传播效果又好的关键词，这里给大家介绍几个常用的免费百度小工具：

1. 百度指数

百度指数能够从多个维度、不同时段给出关键词的价值。包括关键词的热点趋势、相关趋势、热门相关检索词、地区城市分布、搜索人群属性等。

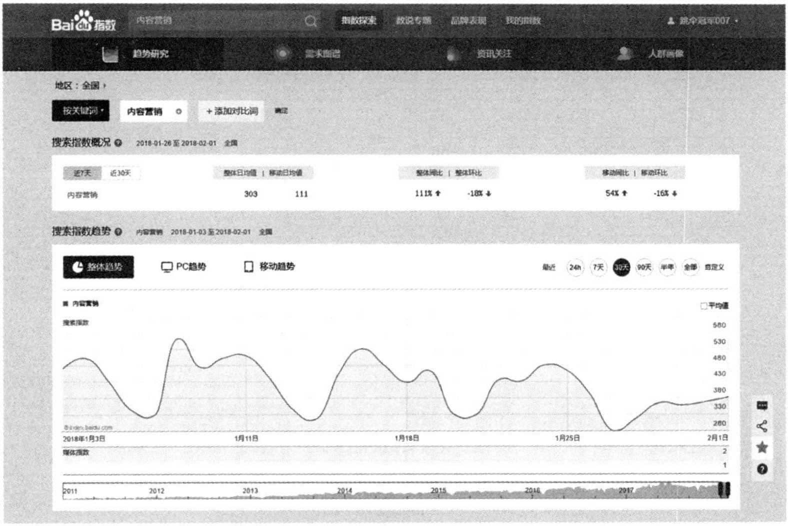

在移动端方面，使用小程序【微信指数】能够便捷地查询到指定关键词的搜索热度，同时还能横向对比多个关键词。所以，你可以在百度指数找到关键词后，使用微信指数验证关键词在移动端的搜索热度。

2. 百度搜索下拉框

当你在百度搜索框输入关键词后（在点击【百度一下】前），百度会自动联想出一个下拉列表框，显示多个与你输入的关键词高度相关的词组，这里边很可能有你需要的优质关键词。

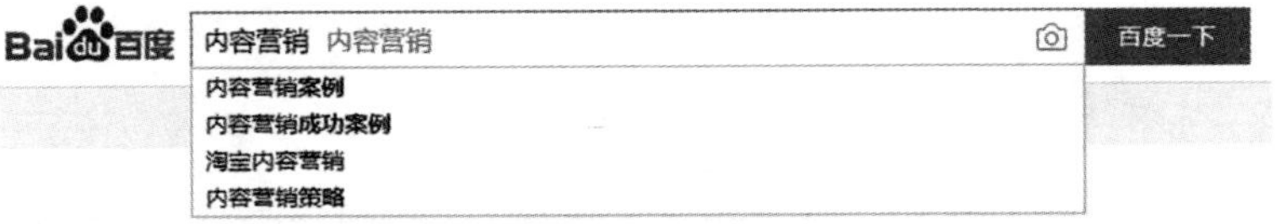

3. 相关搜索

相关搜索在百度搜索结果页面的底部，一般会列出 9 个与你搜索关键词高度相关的词组。重复多次搜索不同关键词，可以帮助你搜集到很多高搜索量的关键词。

- **在页面中恰当植入关键词。**

搜索引擎会自动抓取网站页面的主题和正文，关键词在文章里出现的比例，最好控制在 2%～8%。说直白点，就是你的文章如果有 1 000 个字，最好其中有 20～80 个字是相关关键词。低于这个数字就无法突出主题，多了则属于关键词堆积，有作弊嫌疑。

在嵌入关键词的时候，一般都会从标题开始。很多人都认为标题中多放几个关键词效果会更好。这种做法虽然没错，但已经过时了。以前的搜索引擎不智能，而现在搜索引擎看到这么多关键词会比较排斥，特别是有些标题堆满了形容词，导致长度过长，关键词密度降低。因此，堆积关键词的做法不仅得不到好的排名，还会影响推荐。

- **为不同关键词单独创作内容。**

在选择关键词时，要充分考虑人们的搜索习惯。比如，有人搜索的是“互联网，内容营销”，还有些人会用“新媒体内容营销”或者“社交媒体内容营销”进行搜索。你可以把所有能想到的关键词都嵌入内容里。但要注意，不要在同一个文章里使用表达同一含义的不同关键词，因为它们会降低搜索优化的质量，导致文章在搜索结果中的排名下降。你可以单独为不同关键词创作不同内容，放到网站不同页面上，这样可以为其他关键词让出更多机会。

- **将内部页面的链接放到热门文章中。**

在搜索结果排名靠前的网站页面里设置一些内部链接（即在文章中嵌入网站内部其他页面的链接），有助于将读者导入网站或自媒体账号的其他页面。借用这种方式，你可以用流量高的页面带动多个页面的阅读量。

作者为你划重点

- 在创作新的内容前，先盘点一下已有内容。
- 用户的问题和差评是发掘内容灵感的宝库。
- 虽然人们找到内容的方式有很多种，但最核心的方式还是搜索。
- 要努力创作人们喜欢分享的内容，这样才能事半功倍。

第七章　用内容日历规划节奏

你可以拥有一切，但是不可能一下子全部拥有。

——奥普拉·温弗瑞

你一定有过这样的经历，某天结束忙碌的工作后看到手机上的日历，突然想起来今天是某位好友的生日。于是，你赶紧一溜小跑到附近礼品店将就买了一件礼物。然后又火速赶到快递公司，幸好他们晚上 8 点才下班。你匆匆写了段生日祝福，选择最快当然也是最贵的方式把礼物寄出去。然后一如往常发个道歉短信，告诉对方你最近太忙忘了这个日子。其实，如果你早几天准备的话完全不必如此忙乱，也不需要花这么多钱，结果当然也会比现在更好。

提前规划你的内容节奏

上面提到的经历，相信很多内容创业者都很熟悉。在没有提前做好内容规划的情况下，他们经常因为不知道下一篇内容发什么而手忙脚乱。

专业内容营销团队每到年底都会规划下一年的年度主题，把未来一整年讲述一个什么样的大故事搞清楚。然后他们还会把这个“大故事”拆分到每季度，每月，每周，每天，根据不同的时间节点安排要创作和发布的内容。这样一年下来，无数个小故事正好讲述了一个完整的大故事，也实现了年度内容营销目标。

上述方法在实际应用中通常会结合日历的形式，将一个个或大或小的内容主题和其他相关事项在日历或手机日程管理工具上清晰地标注出来，我们称之为“内容日历”。

内容日历就是一份每日行动计划。提前做好规划，才能保证你所传递的内容在有条不紊地讲述一个完整的故事。

创建你的内容日历

如果你手上有某份杂志近几年的全年版，翻开看看就会发现，它的年度内容规划几乎没怎么变过！比如 2016 年和 2017 年的 5 月刊主题都是劳动节活动和儿童节预热！很神奇吧？往后看也是如此，七夕节、中秋节、万圣节、圣诞节、新年，其他期刊也都大同小异。所有媒体的内容规划都是围绕某些特定时间节点展开的，然后在创作具体内容时再结合自身领域、读者特点和品牌个性。

你也可以借鉴这种方式，创建适合自己的内容日历，将内容的创作和发布节奏明确规划出来，让内容创业的推进更加平稳。

在创建内容日历之前，你要先复习一下自己的内容使命（参考第四章内容使命部分）。为了更清晰地解读使命，我们总结了几个角度，帮助你在规划过程中专注目标，确保粉丝能按时收到最满意的“内容礼物”：

- **内容创作的对象是谁?**

送礼物当然要充分考虑对方的身份、喜好。创建内容日历也是如此，要时刻把粉丝放在第一位，时刻记着要满足粉丝的需求。

- **为什么要创建内容?**

这一点你必须搞清楚。因为内容营销的终极目标将会主导发布的内容、渠道、频率以及你的团队为内容安排、组织、分类、打标签等工作所付出的努力。事实上，吸引和维护粉丝就是你创建内容的终极理由。

- **你的内容创作能力怎么样?**

你是自己负责所有的创意制作，还是外包给专业的编辑、设计以及视频团队？创作能力在很大程度上决定了内容的发布频次和工作流程。

- **如何做到脱颖而出?**

你的内容可以满足哪些空白的行业需求?你的内容比对手强在哪儿?一年内有哪些行业活动可以参加,能给你的内容创造更多曝光机会?此外,还要清楚自己在哪些领域具有吸引粉丝注意力的实力。这些将帮助你从粉丝角度锁定内容目标,从而建立强大的内容日历。

制作个人版内容日历的四个步骤

现在你可以在"内容营销"公众号发送"内容日历"下载模板,或者打开手机里的日程管理工具,我们一起来填写"内容日历"。

如果你是"一肩独挑型"创业,那么在填写日历时,最好把你的个人时间安排也写进去,例如参与某项课程的日程、考试日期、休假时间等等。

第一步:标注商务活动及私人安排

你的内容营销工作做得越细致认真,内容日历上的信息就会越繁杂。为了方便使用,我们建议你用不同的色彩把不同事项标注出来。比如使用区隔度非常明显的红黄蓝三原色,重要时间节点和个人安排用黄色标注,工作截止日期用红色,中间步骤的重要节点日期用蓝色。

首先，我们用黄色把所有商务活动以及个人安排在日历上标注出来：

- 节假日（学校、宗教、文化）
- 行业展览、促销活动和定期沙龙聚会
- 参加培训课程
- 行政管理工作（工资、税务等）
- 休息时间（休假、陪家人、健身等）
- 你能想到的其他事项

第二步：标注发布截止日期

现在，我们用红色在日历上标出截止日期，这个日期专指内容项目的截止日期。进行这一步时，不用考虑项目执行的中间步骤。来吧，试验一下，先从文章发布的日期开始标注。哪天最适合发文章？是周一早上人们刚开始工作的时候，还是周末？这个时间点的选择要充分考虑粉丝的阅读场景。例如，你是一位厨艺爱好者，你的粉丝很有可能在周末买菜下厨，一家人享受美食。那么每周五下班后或周六早上 6 点可能就是个不错的发布时间。好的，我们选择了周六一早，在日历上把所有周六定为发文时间，用红色标出。

除此之外，还有哪些内容项目？把它们的截止日期都用红色标出来，如视频的发布时间、促销活动的落地日期等等。

第三步：确定你的内容主题

在标注出全年内容项目的截止日期之后，我们的工作进入了更加具体的阶段。先别急着动手，我们还需要花点时间来思考内容项目的主题。从当前这个月开始，用头脑风暴的方式迅速列出你能想到的所有创意。

假如现在是 5 月，母亲节无疑是这个月的重要节日。如果你的知识领域是营销，那么迅速写出十条营销导向的母亲节相关文章主题：

1. 母亲节，给妈妈最感动的礼物
2. 20 个知名企业的母亲节创意促销案例
3. 怎样让你的母亲节活动更有创意

…………

从这些主题中，我们选择一个最适合的主题放在内容日历里。

以此类推，遇到行业活动、展览会也都是如此，结合时间节点创意内容项目主题。不知不觉，你就会发现自己已经积累了几十、上百条主题创意了。把这些主题与内容项目一一对应，内容日历是不是丰满了许多呢？

第四步：标注中间步骤的时间进度

内容项目的截止日期和主题创意都有了，接下来我们就要考虑如何实现这些项目了。

内容日历的最大价值在于助你“跑得稳”，而后让你“跑得快”。既然已经在日历上做出计划，你就必须在规划日期内完成项目。为了更好地控制时间，你可以将每个项目拆分成多个环节，并标注出中间关键步骤的时间节点。

比如：你打算举办活动，就要注明活动策划、场地预约、现场布置、粉丝招募等所有环节的时间点。为了清晰地显示这一切，你需要从红色的截止时间往回推算，用蓝色将中间步骤的时间填上，提醒自己在截止日期前完成所有筹备工作。

记住，千万不要把内容创作放在最后一分钟，这么做会严重降低你的内容质量，导致粉丝失去对你的信任。

记得刚刚开通 ccoworld. com 网站的时候，内容也是以文章为主。为了保证内容能按时完成，我的方法是安排一段不受打扰的时间来进行内容创作，一次写出几篇文章。然后再安排一段时间，完成图片排版等编辑工作。如果你的内容项目是视频或语音节目，也可以使用这种方法。对大多数个人创作者来说，这是最高效的内容创作方法。

另外，像微博、微信这些社交媒体现在都有定时发布功能。所以，在一次完成多篇内容的情况下，可以先上传到社交媒体后台，用自动发布功能定时发布。

扫描关注“**内容创业**”公众号
发送“**内容日历**”即可下载内容日历模板

最重要的，按计划执行！

你的内容日历已经全部搞定了？恭喜你！接下来，让我们进入最难也是最关键的部分——按计划执行！

关于健身的事情你已经考虑很久了吧，还请了私教量身定制了一套健身计划，买了很贵的健身卡。但是，没过几天你就开始厌倦这一切。然后，就没有“然后”了……想要减肥成功，只有坚持！

你的内容日历也是一样。既然已经创建了日历，就要坚持行动起来。你必须把执行计划当作第一要务，安排时间创作、编辑和上传你的内容，而且必须连贯执行。只要你坚持执行并善用推广，很快你就会感受到成功的乐趣，甚至还想在日历里增加一些其他的项目。

为什么“坚持”这么重要？因为粉丝了解你的方式只有你所发

布的内容。所以，你必须持之以恒地创作，并且保持前后调性一致。只有这样，才能不断在粉丝心中完善你的个人画像，维护你可以被信赖的形象。

也许第一年创建内容日历会很辛苦，花的时间也比较长。但第二年就会非常轻松，因为你可以继续使用这个日历，只要对主题和内容进行改动就可以了。

团队协作版内容日历

随着粉丝数量的增加，内容需求量逐渐扩大，早晚有一天你的团队需要扩充或者将一些任务外包给专业的创作人员。这时候，就要用到团队协作版的内容日历了。

其实团队协作版内容日历并不复杂，只需要在个人版上增加一些维度，比如：工作流程、发布渠道、内容类型、内容追踪等，以便于所有团队成员都能知晓项目的目标和进展，从而更好地协作。

- **内容的发布渠道。**包括企业自建的内容渠道，如自媒体账号、网站、电子邮件和付费的社交媒体推广渠道。

- **内容的类型。**文章，视频，语音，信息图表，还是原始图片？为了让内容传播得更广，你需要将它延展为更多形式。所以从一开始，你就要计划好未来准备延伸哪些内容类型。

- **统一的视觉元素。**统一且有个性的视觉元素能为你带来独特、清晰的印象。所以，整个内容创作团队要保持高度沟通，了解彼此创作中使用了哪些视觉元素，如标志、插图、信息图表等。

- **粉丝反馈。**粉丝反馈是一笔宝贵财富，它表现出粉丝对内容的期待。粉丝们是希望找到更好的工作，掌握某种技能，还是过上好日子？这些都要在内容日历中描述清楚，以便指导内容团队的创作方向。只有这样，才算是站在粉丝角度思考。

- **号召行动。**内容发布之前，一般都要在内容的开头或者结尾加入号召粉丝采取行动的语言，比如关注公众号，注册会员等。这一点非常关键，它可以确保创作的每一部分内容都与公司营销目标相符。

此外，随着团队的不断壮大，一个日历很难承载所有规划。你可以创建多个内容日历，比如做一个一目了然的总日历，然后再针对具体活动分别创建独立的日历。美国内容营销协会编辑团队就采用了类似方法：创建了一个多页表单。这样所有编辑信息便都可以存在一个文档里了。

该提前多久筹划内容日历？

既然内容日历的作用如此重要，那么到底该提前多久筹划呢？

关于这点，没有一个放之四海皆准的标准，但是内容团队通常会这么做：

● 每年有一次讨论内容整体方向及编辑策略的会议，这样可以保证内容方向与企业愿景一致。

● 每季度会面一次以整合下一季度的内容主题，这样可以确定每周的内容主题、创作者以及执行计划。

● 每周会面一次以做必要的修改。会面时，团队可以及时吸收新鲜内容，将其纳入整体时间规划，并时刻追踪行业或社会热点内容。

如果你的内容团队连明天发布什么内容都不清楚，那么你的内容肯定会枯燥乏味，漏洞百出，最终损害到内容创业的推进。而优秀的内容创作团队至少能做到对下个月要发布的内容心中有数，对未来两周的内容胸有成竹。

作者为你划重点

● 没有内容日历的把控和追踪，你的内容使命就无法被粉丝感受到。

- 尽管重要的编辑规划会议每年仅需一次，但内容团队必须保证每个月组织数次落地讨论会。

- 在内容日历里添加“成果”一栏，这样内容创作者便可以对每项内容的效果及目标一目了然。

第八章　怎样做好内容重塑

创意，就是旧元素的新组合。

——詹姆斯·韦伯·扬

2003 年秋天，乔决定实现一个小目标，完成自己的第三本书《内容营销时代》。这需要他在半年内搞定十几万字的书稿，同时日常工作也要照常进行，包括每周的两次演讲和一次网站文章更新，时间非常紧迫。

为此，他采用了“博客成书”的做法。首先，他把书大致规划为 25 个章节，每章 4 000 字，计划用 25 周完成。同时，他每周都在内容营销协会网站或领英上发表一篇文章，并将每篇文章的内容都和书中章节一一对应。

半年后，乔不仅保证了网站的更新频率，还把发布的文章加工成了《内容营销时代》这本书。

为了内容创作而忙得焦头烂额的你，是否得到一些启示呢？

什么是内容重塑计划？

事实上，大部分创业者都不会提前规划内容，他们总是想着“我需要一篇文章或者一本白皮书”，根本没考虑过把同一个故事用不同的方式讲出来。美国内容营销协会的首席战略官罗斯一直在强调：“不要觉得自己正在写文章、拍视频或发布白皮书，实际上，你是在用多种方式讲一个完整的故事。”

正如罗斯所说，内容重塑就是用多种方式讲述一个完整的故事。具体该怎么做呢？我们来看看案例《杰伊的一天》。

《杰伊的一天》系列短片

系列短片《杰伊的一天》是由作家兼营销顾问杰伊·巴尔创作和发布的。短片讲的是杰伊在商业、社交媒体及营销方面的思考。虽然他的团队发布过多种类型的内容，包括行业资讯文章、研究报告、音频节目等，但在杰伊自己看来，最具号召力的当属《杰伊的一天》系列视频，它是促进公司发展的核心内容。

一个三分钟的短片怎能如此重要？原因就在于每个短片都可以被重塑为至少八种有价值的内容形式，并在至少五个渠道发布：

- 公司官网
- 视频网站
- Facebook
- 微博
- 音频网站

此外，杰伊的团队还把视频转化成文字，重新编辑并思考标题，以图文的形式在领英等渠道发布。一周后，他们还会收集各个渠道的反馈，提炼出粉丝最喜欢的部分，再次对其改写并在每周三发布。

总而言之，杰伊的一条三分钟视频最终被重塑为：

- 官网的文章
- YouTube 视频
- Facebook 视频
- 2～3 个微博
- iTunes 视频、音频片段
- 每周更新的文章
- 领英文章
- Medium 帖子
- Google＋帖子
- 两条领英分享

实际上，内容重塑的方法并不复杂，人人都能用，杰伊之所以能够脱颖而出，是因为他懂得规划——就是在创作内容之前就为内容重塑打好基础。

所以，如果你有发布文章或视频的打算，最好先想出一个整体的故事，然后找出所有适合讲述故事的方式和渠道。

喜欢樊登读书会的朋友都知道，樊登的每条音频内容都会被重塑为多种形式，例如：视频、音频、文字。除此之外，他还会把接近一小时的音频节目剪辑出多个一两分钟的精彩片段，用来吸引用户注册。这是一个非常巧妙、高效使用内容的方式。

内容重塑的 5 个优点

当内容需求量增多之后，常常需要团队协同创作。这一过程通常要动用很多人手：文字编辑、平面设计师、SEO 专家、新媒体营销人员等等。相比之下，把优秀内容重塑为多种类型，在省去很多麻烦的同时，可以产生更大效果，让投资收益最大化。

内容重塑有 5 个明显优势：

- **更高效地向核心渠道引流。**

通过重塑，你可以将优秀内容同时推广到多个渠道，把更多粉丝吸引到你的核心渠道里来。例如，在优酷上传视频时，你可以在说明栏中加入个人网址，或信息图表链接。这种指向明确的推广方式可以帮助你提升品牌知名度，并吸引更多订阅用户。

- **大幅缩短内容创作周期。**

一些已经制作出来的内容元素，如图片、音频、视频或文字还可以应用于其他内容作品，缩短创作周期。

- **迎合不同的内容喜好。**

每个人都有不同的内容偏好：有人喜欢听声音，有人喜欢看视频，有人喜欢读文字。使用内容重塑，可以吸引不同偏好的人群。例如：你制作了一个出色的视频，那么这个视频还可以延伸为其他文档，诸如图文或 PDF 的基础资料。其中的数据、案例等还可以单独制作成信息图表。

- **延长内容寿命。**

每天面对激增的内容，人们经常错过其中的绝大部分。通过内容重塑，可以让你的目标粉丝多一些渠道和机会接触到这部分内容。此外，对经典内容的重塑可以更进一步延长它的寿命。

- **利于搜索引擎优化。**

如果你把内容重塑的工作完成得很好，并且挂到了多个流量巨大的渠道上，在说明栏老老实实写上了自己的网址，那么从这些地方涌来的流量将大大提高你的网站页面权重。当人们在百度搜索相关内容时，你的内容将有更大机会获得靠前的排名。

内容重塑的 4 个步骤

之前我们提到，无论你创作什么类型的内容，都一定要在初始阶段就想好之后的重塑计划。这么做有利于简化重塑过程，确保多个内容的核心统一。

操作时，你可以参考如下步骤：

1. 明确故事主题。先尝试找到一个话题，能够适用于不同类型的内容。例如，你想销售太阳镜，那么话题可以是“2018 太阳镜流行趋势”。虽然这个主题有点宽泛，但却可以成为多种内容类型的核心。

2. 确定了大致主题后，设想它的多种变化，并应用到不同内容类型中以吸引更多粉丝。在太阳镜流行趋势这个例子里，你可以考虑创作以下内容类型：

有关 2018 年男士或女士太阳镜流行趋势的文章

有关 2018 年太阳镜流行趋势款式清单体

有关 2018 年太阳镜流行趋势的专家采访

2018 年太阳镜流行趋势图片及介绍幻灯片

2018 年关于如何选择适合自己脸型的太阳镜电子手册

这些还仅仅是个开始……通过 2018 年太阳镜流行趋势这个例子可以看出，一个主题可以延展为多种内容。每个内容都可以包含不同观点，面向不同渠道的粉丝群体。但是，它们的核心概念是共通的。

3. 围绕核心创意收集了一系列内容想法之后，便可以开始筹备并着手创作第一个内容了。想法很多？没关系，我们从最具延展性的内容开始，问自己几个问题：如果你创作了一个幻灯片，它能否被顺利转化为图表？如果要做一个视频，那么视频的剧本可以转化成文章么？

你所创建的第一个内容往往会占据最多工作量，因为它需要大量的研究和创作。但是，一旦顺利完成了这些基础工作，你就可以将它们应用到更多内容中了。

4. 完成第一个内容之后，你可以把它的研究成果和内容元素重新整理应用到新的内容项目里。随着重塑过程的深入，你可能还需要再次围绕核心概念进行研究，但最艰难的部分已经在首次创作时完成了。

内容重塑常用类型清单

内容可以重塑为很多类型，同一种类型还可以用于多个发布渠道。如果你暂时还没有想到有哪些，这里有一些可供参考的内容类型：

行业资讯文章

为了尽可能聚集粉丝，你的每个内容创意都要体现在核心渠道上。大多数内容创业者都会立足于擅长的行业领域，以网站或者自媒体号作为自己的核心渠道。据统计，行业网站订阅用户比大中型企业官网多出 126%。而前者的内容往往以图文并茂的资讯文章为主。

相比于企业官网的内容，行业网站的资讯文章有如下特点：

1. 可培养长期的粉丝关系。原创的资讯文章非常有利于在粉丝心中建立权威感和信任感。这一过程需要长期的积累和沉淀，在不断与读者互动交流的同时，培养忠实粉丝。

2. 传播成本低，性价比高。如果开始的阶段没有个人网站，也可以在百度、头条、搜狐等公众内容平台申请账号，发布资讯文章。只要额外花一些时间，就可以达到推广的目的。同时又因为这些账号都绑定在大平台上，对文章的搜索优化能起到明显作用。

3. 口碑好，可信度高。绝大多数网民宁愿相信资讯文章的消息，也不相信商业网站发布的新闻。

内容创业初期，在核心渠道发布资讯文章是非常好的做法，尤其是在你拥有大量活跃粉丝的情况下。一方面你可以通过核心渠道向粉丝征集建议，另一方面粉丝的参与也会激发你的创作灵感，进一步发展创意。

电子书及免费指南

一般是指将同一话题的所有文章汇总，重新添加目录、图片及深入研究结果等，制作成电子书及免费指南。它的优点非常明显：

1. 绝对长尾。电子书是一种非常长尾的推广方式，这个“长”主要体现在两个方面：一是传播时间长，此类内容往往不具备时效性，只要内容优质，就会被网民不断传阅；二是保存时间长，可以长期影响及引导潜在用户，提高转化率。

2. 可离线阅读。有别于大部分的网络推广形式，电子书离开互联网一样可以传播和阅读。

3. 可以实现精准推广。电子书类的内容通常比单一的网站文章更加系统，也更具价值。所以，在向潜在用户提供这些高价值内容时，除了吸引他们关注核心渠道之外，还可以借机获取邮件地址等个人信息，以便于深入交流。

视频

随着移动互联网的发展和视频网站的兴起，视频内容也越来越被众多企业重视，它的优势表现如下：

1. **传播性强。**随着移动互联网的普及，视频独特的直观性与立体化的内容形式更容易满足观众体验。无论是主动搜索还是被动推荐，观众在遇到优秀的视频内容时，都具有很高的接受度和分享意愿。

2. **成本降低。**其实拍摄一段优秀的视频并不需要多么专业的设备或是外包给工作室才能实现。内容重塑过程中需要的视频，用智能手机或数码相机就可以实现。

3. **效果可测。**视频发布平台可以统计出观众的停留时间和人次，还有视频点击量、转载量及评论数。而通过仔细阅读观众的评论，你还可以发现目标群体的需求和内容改进方向。

信息图表

图表是呈现数据、流程的绝佳选择。它可以分步解释一个主题，以生动的视觉形式展示数据或讲述故事。

1. **成本低。**制作图表并不复杂，无须掌握特别高深的技术。一个没有修图基础的人，经过简单培训，也能做出精美的图表。所以制作成本非常低廉。

2. **应用范围广。**这里的“广”，主要是指两方面。一是指适用的行业广，很多内容都可以总结为图表形式用于传播；二是指发布的渠道广，读图时代，无论是什么样的网络渠道，都离不开图片。

相比于密密麻麻的文字，人们更喜欢看图片。

幻灯片

幻灯片并非演示专用。

幻灯片图多字少的简洁描述，主要针对视觉型人群。因为这种形式不可能附带太多文字，所以制作幻灯片也是促使我们简化想法的过程。如果人们想阅读更多文字，那就可以去阅读文章或行业指南。更多时候，幻灯片可以起到先行“预告片”的作用，抓出内容重点，吸引目标群体阅读原文。

总的来说，内容重塑可以把优秀内容的价值发挥到极致。因为无数内容类型都源自同一个核心概念，而每个内容形式的碎片都可以迎合某类人群的喜好。

关于内容重塑的最后提示

记住，内容重塑的方式有很多，但每个内容都应该有其独特之处。这意味着你的微博、微信、视频网站等等，即使采用同一个内容核心，也必须依据每个渠道的特点改变内容的表现方式。

最糟糕的情况就是，把同样的内容发布在不同渠道上。这么做根本不会起到任何作用，同时还会损害粉丝对你的信任。反之，你该做的，是明确目标人群使用哪种渠道，然后迎合不同人群的信息接触习惯，用适合的方式讲述精彩的故事。

作者为你划重点

- 很多创业者的做法是先有内容再考虑重塑，而聪明的做法是事先就做好内容重塑计划。
- 要记住，你在讲述一个故事，而讲述故事的方式可以有很多种。
- 重塑规划意味着你所创建的每个内容都必须围绕核心概念，以不同的形式呈现。

第四部分

收获粉丝， 成为影响力之源

我一直以为演员流泪的时候才是戏剧， 实际上赢得观众的眼泪才算戏剧。

——弗兰克 · 卡普拉

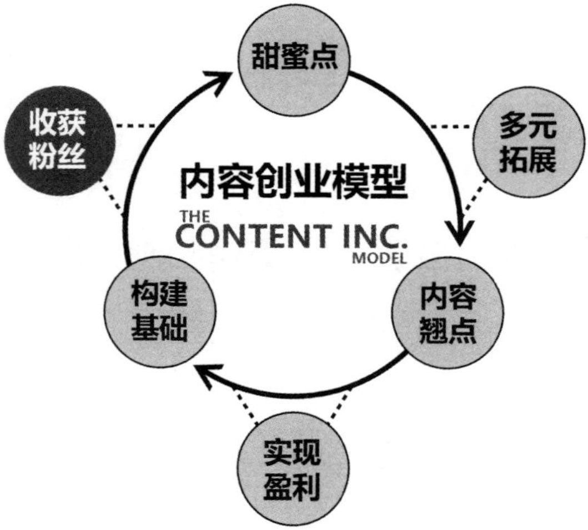

每晚入睡前，你都该想着如何吸引粉丝关注。第二天醒来的第一件事，你还应该想到粉丝关注。因为内容创业模型只有建立在忠实粉丝的基础上才能有效果。正如安德鲁·戴维斯所说，“创建社群，实际上就是在拥有客户之前打造客户数据库。”

第九章　到意见领袖那里圈粉

让意见领袖对你的故事产生兴趣并分享，积少成多，你就是影响力之源。

——阿达斯·阿尔比

无论你是网络红人还是无名小辈，想要实现兴趣变现，都需要一个获取粉丝的机制。在确定核心渠道之后，我们不仅要想尽一切办法增加与粉丝接触的机会，更要努力把“过客”转化为粉丝。

在众多圈粉的方式中，最为精准和高效的就是意见领袖营销。所谓意见领袖营销，就是借助意见领袖的力量提升内容的传播效果。这也是本章讨论的重点。

为什么要选择意见领袖？首先，他们拥有大量粉丝，其中包括你想要吸引的那一群。其次，意见领袖拥有信任背书，一件事情是谁说的比说什么更容易让人相信。我们要借助这种信任与目标人群建立关系。另外，意见领袖更了解粉丝喜好，能够帮助你创作出更适合的内容；同时能帮你选择对的方式、在对的时间，把内容传递给合适的人。

为意见领袖营销设定清晰目标

在启动意见领袖营销计划之前，要先制定清晰的目标，想清楚自己要借力意见领袖实现哪些目标，只有目标清晰，行动才有力量。这个目标可能是：

- **提升知名度。**通过与意见领袖合作，能让多少目标人群认识你或下载你的内容？
- **刺激转发。**合作的这条内容能引起多大共鸣，目标转发数是多少？意见领袖用什么方式促进转发？
- **促成关注。**意见领袖如何帮你吸引目标人群关注？
- **实现销售。**是否通过意见领袖的分享实现盈利？收益和投资回报率目标是多少？能否借助意见领袖营销促进销售，或者根据用户反馈发现更多需求，从而销售相关产品？

寻找目标意见领袖的方法

如何选择意见领袖？这取决于你的具体目标。如果你的目标是扩大知名度，就可以跟更多意见领袖合作。如果想要跟客户建立社群或实现更多销售，那么把有影响力的客户当作意见领袖来实现这个目标，可能更加合适。

意见领袖的类型多种多样，有些身份很明显，比如某领域资深博主、论坛版主、网络红人等；也有一些隐藏的意见领袖等待我们去发现，他们因为自身的职业特点，很容易影响到身边的人，比如：业内专家或分析师、业务合作伙伴、团队里的专家小组成员、有影响力的客户。

在尝试与意见领袖建立关系之前，要想清楚自己需要联系哪些人，他们对吸引目标人群有没有帮助。出于效率方面的考虑，大部分人在开始阶段会与5～10名意见领袖合作。这是一个合理且易于管理的数字。

在“意见领袖目标清单”上，你要根据自己的需求列出筛选条件，然后收集资料将意见领袖的具体情况填入对应位置，以便进行综合判断。

比如：使用诸如新榜等意见领袖评分工具，把他们的评分记录到表格里；阅读意见领袖的文章，看他们如何回应评论；查阅他们的微博信息，了解他们更关注哪些内容，进而评估他们的兴趣和影响力水平；等等。在此过程中，你还可以了解到哪类人群在回应和追随意见领袖的观点，这些都是可以整合进“目标清单”里的重要内容。

Top 42 Content Marketing Blogs

The **Junta42 Top 42 Content Marketing Blogs list** highlighted the best bloggers on the web discussing content marketing. Each blog on the list was rated by our expert staff in terms of content strength, depth, regularity, and, to a very small extent, popularity, in terms of overall best marketing blogs.

Junta42 TOP BLOGS Content Marketing #1

While the last update was published June 2011, this continues to be a popular list.

**** If you are looking for a more recent list of content marketing blogs, check out the resources the CMI team relies on. ****

RANK	BLOG NAME	FOCUS
1	Convince and Convert	Social Media

意见领袖目标清单能够帮助你更好地了解、选择意见领袖

与意见领袖建立关系的 8 种方法

在明确了哪些是你需要的意见领袖，并熟悉他们的情况后，就可以着手开始联络了。联络的第一步，先花几分钟思考以下问题：

- 你如何联系到某位意见领袖？
- 你能提供哪些有价值的内容？
- 你期望从这一关系中得到什么？

之前你为了解意见领袖而付出的努力，将在这里得到回报。以下方法可以用来与目标意见领袖取得联系：

1. **社交媒体互动。**通过微博寻找并关注这些人，阅读他们的内

容并简单互动，例如：有见地的评论、转发，或者@。还可以感受一下他们的微博是自己操作还是代运营。

2. 创造线下见面机会。通过对方的社交媒体或百度，找出他们最近要举办或出席的活动，这是绝佳的见面机会。我有一位好友圈子很广，成功方法只有一招：每周参加自己感兴趣的沙龙，提前半小时到场并在最前排就座。沙龙结束后，他一定会与嘉宾交换名片并争取合影，久而久之就积累了很广的朋友圈子。

3. 为意见领袖写书评。如果名单里的某位意见领袖出过书，那将为你提供一个极好的切入点。马上买一本他的书，仔细阅读并撰写书评，通过购书网站和各种自媒体渠道发布出去。作者都很关注自己的书评，尤其是用心的书评，借此机会你将有可能与意见领袖建立关系。

4. 采访意见领袖。在拥有自己的发布渠道后，你可以利用新媒体运营者的身份接触到意见领袖，尝试邀请他们进行一次访谈，并根据他们近期的工作安排访谈内容。例如：某位意见领袖刚刚出版了一本书，或是参与了某个知名项目，你就应该在访谈中加入这些内容。事实上，我也借用本书的访谈机会，结识了很多卓越的意见领袖。

5. 让员工也参与进来。在开展意见领袖营销时，你应该发动团队上下每一个人，也可以雇用专人来管理内容和社交媒体账号。要注意的是，你最好让公司内部所有人都知道你想要吸引哪些意见领袖，以及想让这些意见领袖提供哪些帮助，以便于团队更好地协助你达成目标。

6. 争取公开演讲的机会。意见领袖经常参加各种行业大会，并且会留意新的观点及其提出者。你应该利用这个机会让他们注意到你。如果你坐在观众席里无法吸引他们的注意，那么你就应该争取成为演讲人。为了克服演讲恐惧症，你可以先在一些小型活动上试水，积累一些经验后，再在大型活动上进行演讲。切记，每次演讲都好比一次个人 IPO 路演，一定要做好充分准备。

7. 参加收费的会员俱乐部。寻找各种机会向有影响力的人展示自己，比如参加一些收费的会员俱乐部，只要能够认识意见领袖，即使门票贵点也值得。

8. 主动联系意见领袖。在领英、脉脉等职场社交平台上与他们联系，介绍自己并解释为什么希望与他们建立联系。不要忽视脉脉等实名制社交平台。如今这类平台已经成为个人品牌和内容发布渠道。除此之外，你还可以盘点现有的朋友清单，看看谁能帮你介绍想认识的人。

记住，千万不要给一位意见领袖发送一份毫无人情味的邀请函。只靠花钱和免费样品就能让他们俯首帖耳的日子已经过去了。当你寻求意见领袖的帮助时，不要期望他们会马上做出回应。但是当他们真的愿意帮助你时，也不用太过惊讶。

如果想通过私信或邮件的形式与他们建立联系，注意措辞不要让对方感到你在求他帮忙，而是要让他们觉得你是在提出某种合作形式，让对方看到价值。

这个方法的关键是首先考虑对方的需求，其次才是你的需求，例如：

尊敬的某某：

您好！

我们之前并没有联系过，我在A公司工作，我很欣赏您关于B话题的文章。我们希望与您就C内容进行合作。相信我们的读者会很喜欢您的观点。

意见领袖 411 内容组合

如果你觉得直接发邮件有些唐突，那么我们建议先通过社交媒体内容与意见领袖打下良好的关系基础。社交媒体 411 内容组合是一个帮助公司或个人接触更多社交红人的内容分享方法。

在渴望与某位社交红人建立关系时，你在社交媒体，比如微博上分享的每 6 条内容，应该包括：

- 4 条内容来自你的目标意见领袖，且与你的粉丝相关。这表示你有 67%的时间在分享他人内容，吸引别人关注你的目标意见领袖。

- 1 条内容可以是你原创的、教育性的内容。
- 1 条可以是销售内容，比如一张赠券、产品公告或新闻稿。

虽然这个数字并非完全精准，但仍能揭示出与人建立关系的规律。你无私的分享行为会被意见领袖注意到。当某天你寻求帮助的时候，对方也就更可能伸出援手。

实现这一切的关键就是要坚持。你可以选出 5～10 名意见领袖做测试，每天至少一次分享他们的内容，持续 1 个月。

想要与意见领袖结成真正的合作伙伴关系，获得推广助力，你需要创造出色且让对方感兴趣的内容。意见领袖们坚信，不功利是维持粉丝信任的关键，他们永远不会破坏这个原则。所以，他们拒绝任何可能损害自己信誉的、过度商业化的内容。你要做的就是“创造一些意见领袖愿意分享的内容”，动机要单纯，目标要清晰，且能够提供价值，做到双赢，对方就没有理由拒绝你。

保持关系热度的 10 个互动技巧

任何关系，都需要适当频次的互动才能保持热度。意见领袖也是如此，可以经常用一些比较舒服的合作方式保持良好的互动关系，比如：

1. 请求引用意见领袖某篇文章或者书中内容。

2. 邀请意见领袖在论坛或者会议上发表讲话。

3. 邀请意见领袖参加网络研讨会或是担任嘉宾。

4. 针对某个主题收集意见领袖的相关内容。

5. 请求允许分享或是链接意见领袖公开发布的内容（其实你不用请求他们的同意，但这么做很有礼貌，而且可以表示出你对他的内容很感兴趣）。

6. 申请得到某个案例研究的信息和数据。

7. 邀请意见领袖写一期特邀文章或制作特辑。

8. 推荐意见领袖参与行业峰会的专家沙龙。

9. 邀请意见领袖作为音频、视频的特邀嘉宾，并在节目中展示他们的工作成果。

10. 联合创作。联系一名或多名意见领袖，合作创作内容，发表你们的观点。

在与意见领袖联合创作时，要充分考虑这些合作内容的可延展性。运用内容重塑策略，将意见领袖营销的内容成果用多种形式扩散出去，比如：

- 考虑把特邀文章汇总成电子季刊。
- 如果有多个由意见领袖主持的网络研讨会或音频、视频节目，可以制作成合集发行。

- 收集意见领袖的引言或洞见，充实内容，写成专家观点集锦的列表类文章。

内容营销协会的意见领袖营销

内容营销协会将意见领袖定义为：能创作目标群体感兴趣的内容的博主、同行或媒体机构。为了使这些意见领袖的形象更加直观，我们每个季度都会对意见领袖名单进行分级，评出“前 42 位顶尖内容营销博主”。这一名单上有我们通过关键词（比如“市场营销”）追踪到的杂志作者，也有在微博上谈论这一主题的意见领袖等。

意见领袖是重要人物。他们一般都有正式工作，同时又非常积极参加社交网络上的活动，乐意花时间分享内容和发布文章。想要进入他们的视线并不容易，因此要吸引他们的注意，需要把内容当作礼物分享出去。为此，我们尝试过很多方法：

首先，我们花了数月时间执行社交媒体 411 内容组合计划。同时，协会的项目小组对“顶尖内容营销博主”名单进行了追踪。我们发现，为意见领袖公开排名并分享的方式，让双方都获得了更高的知名度。

为了让排名更显权威感，我们还特别聘请了一名专家为顶尖博主们制定了一套评级制度。此项评级关注的方面包括：连续的、有价值的、原创的、个人风格鲜明以及一些其他维度。每个季度，内容营销协会都会公布这一名单，重点评出前 10 名，并发布一篇新闻稿，推热这个话题。不用说，排在前 10 名的顶尖博主和上榜的 42 名博主都狂爱这一名单。其中的大部分博主分享了这一名单，在这 42 名博主中有近一半人将排名放在他们自己的主页上并链接回我们的网站。就这样，我们不仅与这些意见领袖建立了长期关系，还为网站获取了可观的外部链接和点击量。

除顶尖博主名单之外，内容营销协会还着手编辑了大型教育类电子书，这是一些能够展示意见领袖个人品牌的著作。比如，在 2009 年和 2011 年，我们发布了《内容营销手册》。这两本书收纳了 40 个内容营销案例，其中很多都直接来自合作的意见领袖。在编辑过程中，我们确保每个案例都注明了贡献者。

当把发布《内容营销手册》的消息告知那些意见领袖之后，书中重点提到的意见领袖们都迫不及待地与粉丝分享了这个消息。有一点你必须注意，那就是我们在书中提及的所有信息，都是“合理使用”和“正当引用”的，或是已经获得相关人士的授权。

从那之后，这些上榜的意见领袖大都变成了内容营销协会的积极投稿者。其中一些人开始撰写内容营销协会网站的专栏，一些人开始参与协会每周的微博话题，另外一些人成为协会活动的演讲嘉宾，还有一些人继续为协会写书。最重要的是，最初的前 10 名顶尖意见领袖现在已经成了乔的好友。不谦虚地说，打动意见领袖的这一系列做法取得了难以置信的成功。

如果你觉得社交媒体 411 内容组合操作起来有些麻烦，那么再告诉你一个直接的方法，就是**将意见领袖拉上你的船。**换句话说，就是把意见领袖的价值点与你的行业特点结合，共同开发新的内容产品。这种做法经常会带来意想不到的效果。

作者为你划重点

- 你需要获得粉丝，那些分享内容的意见领袖可以帮你实现这一目标。
- 大部分运用意见领袖营销策略的公司都没有一个清晰的工作流程。你在执行意见领袖营销计划时，一定要组建固定团队，掌握内容分享的节奏。
- 在启动意见领袖营销计划时，你需要更多分享意见领袖的内容，而不是你自己的内容，这样做才能产生最大效果。

第五部分

多元拓展，建立强大的个人品牌

不积小流，无以成江海。

——荀子

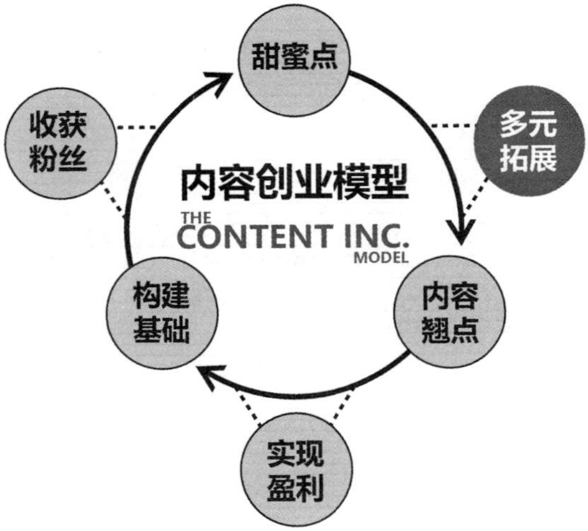

在积累了一定数量的忠实粉丝后，为了让事业进一步成长，需要将内容资产拓展到更多渠道，以建立强大的个人品牌。试着把你的公司想象成章鱼，每一个内容渠道都是它的触角。那么，算算你用这些触角能抓住多少客户？

第十章　社交媒体多元化拓展

不要把所有的鸡蛋放在同一个篮子里。

——詹姆士·托宾

ESPN 是美国娱乐与体育节目电视网，自 1979 年创立到之后的 13 年间，ESPN 只在它唯一的有线电视渠道播放体育节目，并且投入了全部精力。尽管 20 世纪 90 年代已经有了其他渠道可以选择，但 ESPN 始终坚守有线电视这个核心渠道，直到在这一领域取得成功之后才开始启动拓展计划。

1992 年，ESPN 开始大力推进渠道扩张，向广播、网站和杂志等传媒渠道进军。今天，已近 40 岁的 ESPN 的足迹几乎遍布各个渠道，从微博到音频再到纪录片，成为全世界利润最高的媒体。据福布斯估计，其运营收入高达 40 亿美元。

拓展你的社交媒体渠道

曾经有段时间，社交媒体营销和内容营销被当成是一回事，但实际上它们有很大不同。对企业来讲，内容营销是理念的转变，是把推广的重点从广告转向有价值的内容上；而社交媒体是承载内容的渠道和互动方式。比如：在倾听方面，内容营销通过社交媒体倾听粉丝的意见、了解他们关心的问题，以此为基础创造出粉丝感兴趣的相关内容。在推广方面，社交媒体是内容营销的重要推广渠道之一。

拓展是成长的必经之路。“内容创业”的多元化拓展，就是要借助社交媒体的力量推广内容。试着把你的公司想象成章鱼，每一个内容渠道都是它的触角。现在，试想一下你用这些触角能抓住多少客户?

哪些渠道适合你的创业项目?

在拓展过程中，首先要选出重点渠道。选择的原则只有一个，就是你的潜在用户在哪里，你的内容就应该在哪里。媒体形式的发展日新月异，要在运营过程中大胆尝试，千万不要害怕失败就放弃尝试新的东西。你可以结合团队能力优选出更加有效的渠道进行拓展。爱彼迎首席营销官乔纳森·米尔登霍尔曾在内容营销世界大会上提到，“如果你没有失败的空间，你就无法成长。”为了帮助你做出选择，我们给出以下建议：

- 先注册一个小号尝试拓展。在拥有清晰计划之前，不要用个人品牌运营任何新的渠道。因为很多意外情况都将造成你的内容无法持续，莫名其妙地停更对个人品牌的损害非常大。
- 对预选渠道进行优先排序，专门花时间测试，弄清楚哪些管用哪些不管用。借此，你可能会发现一些新的粉丝接触内容的习惯，也可能会淘汰一些作用不大的渠道。

为每个社交媒体量身定制内容

不同社交媒体的内容运营方式也有很大不同。但很多人却经常说：“管它呢，反正都发，把内容在所有渠道展示出来就行了。”没有什么比重复发布一模一样的内容更令人倒胃口的了。最好的做法是，确定该渠道用户对哪些内容感兴趣，然后提前规划，针对不同渠道重新编辑内容，用不同方式在优选渠道进行内容传播。

主流社交媒体的运营方法

为了方便你的选择，我们列出一些主流的社交媒体并简要说明它们在运营过程中的关键事项。但请记住，你可以利用社交媒体吸引粉丝，但这些粉丝其实由微博、微信等平台所控制。你的最终目标应该是利用这些社交媒体将粉丝导向你的核心渠道，并转化为付费用户。

微信

做内容，一定绕不开微信公众号，因为微信的打开率最高、使用时间最长。网上已经有大量文章介绍微信的优点，所以这里我们只围绕内容创业来说说运营公众号的几点注意事项：

1. 切忌自卖自夸。公众号的功能简介要突出账号的内容定位、特点，以及可以帮助人们解决哪些问题。人都是自私的生物，只有当他们认为这个账号能给自己带来帮助或好处时，才愿意关注。

2. 由于手机屏幕大小的限制，发布内容的字数最好控制在 2 000 字以内。内容不要过于深奥，尽量让最深的含义都浮现在表面，碎片化的阅读往往是一种懒散状态，尽量不要让用户动脑筋。

3. 灵活使用多种内容形式。公众号在内容呈现上支持多种形式，例如文章、漫画、语音、短视频等，能满足不同群体接收内容的习惯。例如罗辑思维，就有文字、语音等多种内容形式。

4. 对内容的二次创作。由于公众号的内容很适合聚焦某一领域，因此采用内容重塑的方式对该领域已有内容进行再加工，往往能收到事半功倍的效果。在加工内容时，一般可以从以下三个角度入手：

1. 案例。无论什么行业，案例分析都是常用常新的创意。所以，我们可以提炼过往内容的要点，套入新的案例，例如《6 大营销技巧教你玩转双十一》。

2. 数据。数据类内容是二次创作的常客。它们不仅可以被制作成图文并茂的文章，还可以改编为轻松直观的图表形式，或者做成汇报用的幻灯片。当针对某一行业收集了足够多的数据之后，可以制作成行业白皮书，吸引潜在用户关注和下载，形成长期的影响力。

3. 盘点。人们喜欢阅读清单体，因此你可以对行业新闻或单一话题进行总结整理，例如《年终盘点：2017 十大网络热词》《内容营销趋势大盘点》等内容。

微博

在 2017 年凯度中国社交媒体影响报告中显示，微博用户中18～25 岁的用户群体占比上升了接近 5 个百分点。截至 2017 年下半年，微博的每月活跃用户已超 3.7 亿。由于传播范围广、互动属性强的特征，微博已成为各企业官方网络传播工具。

在日常运营中，除了需要注意可持续性的内容来源之外，怎样才能让你的内容在微博上脱颖而出呢？

- **内容运营计划。**谨记 411 内容组合策略，围绕核心内容，策划相关的栏目，每天定时更新对粉丝有吸引力的内容，并与意见领袖频繁互动。

- **用微博讲故事。**持续讲述关于行业和品牌的故事。每个微博栏目都可以有自己独特的定位，但是传播核心一定要一致。当年海底捞的所有对外内容都在强调服务品质，而具体做法就是用一个个微博故事向外传递。

- **善用话题#标签。**在微博内容中加入#标签，可便于人们搜索。更好的做法是，原创一个独特的#话题标签，与具体的活动链接起来（比如，小米公司原创#小米新想法#话题，用来在微博上介绍新的产品）。

- **将微博当作试验场。**用微博发布原创内容，找出哪些内容能被更多人分享，给这些内容贴上标签。利用这些试验结论指导你今后的内容创作。

- **报道行业活动。**利用微博实时报道重要的行业活动，以便于和粉丝们实时互动，鼓励他们发表意见。通过这种方式，让你成为那些场外粉丝的眼睛和耳朵。

视频网站

相比于文字或图片，制作视频的难度和投入则要大得多。因此在推广视频内容时，一定要注意以下几点：

- **迎合平台用户的喜好。**不同视频平台的用户类型也有所区别，例如腾讯视频的用户多为24岁以下的大学生和36岁以下的年轻白领；而哔哩哔哩的用户群则以喜欢二次元文化的年轻人为主。因此在推广内容时，要考虑内容与用户的匹配度，选择最适合的平台。

- **分享独特的、品牌化的内容。**从粉丝的视角出发，把他们的感受带入视频创作。围绕内容翘点，用独特视角打造具有差异化的视频内容。

- **要让视频被看到。**上传视频时，可以进行多组对照测试，看看哪些标签能为视频带来最大推荐量。另外，借力社会热点设置标签，也是为视频引流的有效方式。

- **持之以恒。**由于会员制和热门IP等影响因素，用户选择视频网站的成本较高，用户黏性也非常强。因此在此类平台上，系列内容比毫无计划的内容有更大机会培养忠实粉丝。Papi酱的系列视频并非一出现就成为“爆款”，她在运营过程中一直不断调整，在忠实粉丝达到临界之后，才实现爆发成为超级网红。

除了优酷土豆、腾讯视频这些占领PC端已久的网站之外，移动端的秒拍、抖音等短视频分享应用也全面崛起。早在2015年，移动端视频播放时长已超PC端两倍。

你可以使用这些APP录制短视频，也可以在其平台上发布内容。这些平台每个月都有超过数亿次的播放量，并诞生出“一条”“二更”等知名的短视频品牌。

2018 年 1 月，一个四胞胎组合 Double double 在抖音上异军突起，仅用三周时间就获得了百万粉丝。视频制作并不复杂，仅是家人用手机拍摄的 15 秒短视频，用视觉化的形式展现出四胞胎宝宝的可爱才艺，同时配上动听的音乐。在抖音平台上一经推出，就收获了无数粉丝的喜爱。

在制作短视频时，需要注意以下几点：

- **简单。**无论是视频的故事梗概，还是拍摄时会涉及的人物、场景及台词，都必须保证简单明确。一个 5 分钟以内的视频，不适合承载复杂的剧情，所以在设计相关元素时，一定要记住“简单”原则。

- **品质。**简单，不代表粗制滥造。精良制作、创意优秀的短视频往往会激发人们分享，好视频是朋友圈的社交货币。

- **互动。**除了前期收集素材阶段与粉丝互动外，视频发布后更要与粉丝互动，接收反馈。比如建立一个讨论群组，让更多人参与进来一起创作。

QQ

QQ 用户的同类效应非常明显，有相同属性的人群喜欢以 QQ 群组的形式进行交流，比如地方群组、行业群组、兴趣群组等等。这种效应也为很多商家和内容创作者的推广提供了便捷渠道。

最常见的 QQ 营销方式，就是在群内发广告，可这种简单粗暴的方法往往收效甚微。原因很简单，这年头，谁会津津有味地读广告？就算读了，又凭什么相信你？

所以对于 QQ 群的推广，应该本着“一群一阵地”的原则，长期奋战步步为营。反之，蜻蜓点水式的方式绝不可取。

以下是推荐的一些 QQ 营销方法：

1. **设置 QQ 群等级。**人们为什么喜欢玩游戏？很大一部分原因是，不断打怪升级所带来的成就感和荣誉感。QQ 群也可以设置等级，鼓励人们完成任务升级称号，进而提升群组活跃度。我有位朋友创建了一个公关群，设计了飓疯、大疯、微疯等称号，并为不同等级设计了不同权益，激发群内成员的积极互动。

2. **强大的群邮件功能。**QQ 群自带群邮件功能，可以向群内所有成员群发送 QQ 邮件，这个功能很适合输出有价值的内容，转化率也非常好。因为发完邮件后，QQ 会在电脑右下角自动弹出邮件提醒信息，确保群员看到邮件内容。

3. **可长久留存的群文件功能。**群文件功能是 QQ 群的固定功能之一，可以将文字、视频、电子书及图表等内容整理上传至群文件。即使是后期进群的成员也可以看到内容并下载。

问答

利用问答平台，以回答用户问题的形式进行内容推广，也是内容创业者不可忽视的重要方式。目前，主流的问答平台有百度知道、知乎等。仅从知乎来看，2017 年其注册用户已超过 6 500 万，平均每天有 1 850 万活跃用户访问和使用知乎。

问答平台之所以成为热门的内容推广渠道，主要是因为：

- **搜索优化效果好。**由于问答平台的权重都比较高，往往能在搜索引擎中占到比较好的排名。
- **精准。**通过问答网站寻求帮助的用户，往往对相关问题涉及领域感兴趣或是有明确需求。所以通过问答平台吸引来的用户，精准度高，对转化率也比较有利。
- **可信度高，口碑好。**在此类平台上，都是用户之间的互问互答，不涉及利益关系。所以这里的内容可信度较高，也容易在用户群体中形成口碑。

在回答问题时，应该注意：

1. **找问题。**回答别人的问题，一是为了引导用户的真实需求；二是营造良好的口碑氛围。但无论何种目的，你都必须围绕自己的核心领域来寻找问题。

2. **回答问题。**不同的问答平台有不同的答案风格。例如：百度知道上寻求解决方案的居多，回答多为简单直接的形式，寥寥数字解决问题；而知乎的答案风格则更为专业具体，考据充分，内容翔实。除此之外，这些平台具有强大的监控能力。以百度知道为例，你每天回答的问题不要太多，5 个以内为宜。回答太多，容易被封号。

自媒体号

近两年，今日头条、企鹅号等推荐式内容客户端开放注册，每个人都可以注册自媒体号，成为内容创作者。今日头条等内容客户端的最大特点，是根据用户阅读习惯精准推荐，帮助创作者把内容推送给适合的人群。理论上讲，只要创作出“符合用户”需要的内容，就可以获得足够的阅读量和粉丝关注。好消息是2018年初，今日头条账号被授权在抖音短视频、火山小视频等APP内登录使用，还可以在原账号设置中绑定今日头条账号，实现了多平台的账号打通，粉丝共享，更利于内容创作者的渠道拓展和运维。

自媒体号的细分程度非常高，大家能想到的和想不到的领域，都有相关自媒体号的存在。而自媒体号的内容定位越精准，推荐的用户也就越精准。

因为开放注册的方式足够“亲民”，这些内容客户端充斥了大量的垃圾内容。所以，在运营自媒体号时要拿捏好阅读量和内容质量的尺度，力求以专业形象获取信任。

总体来看，自媒体号适用于以下几种情况：

1. 没有专属网站的企业、组织或个人。如果没条件建立网站，又想在网上拥有一个展示和宣传的平台，那么选择自媒体号就对了。

2. 本身有内容限制的网站。比如企业官网，自身内容是固定的，没有机会更新，但又想通过内容从搜索引擎获取粉丝，这时候就可以考虑通过百度号、搜狐号这些权重高的内容平台来提高搜索展示效果。

3. 辅助搜索优化。如果你自己的网站运营得还不错，开通自媒体号还有助于增加外部链接，以此提升自有网站的权重和内容搜索排名。

职场社交平台

领英、脉脉等职场实名社交平台已经远不止是关系网络平台。现在，它们也成了很有影响力的内容发布渠道之一。领英的“意见领袖”项目让每个名人都能在领英上发布独家内容，时至今日，领英已经对所有用户全面开放了免费的“意见领袖”发布服务。

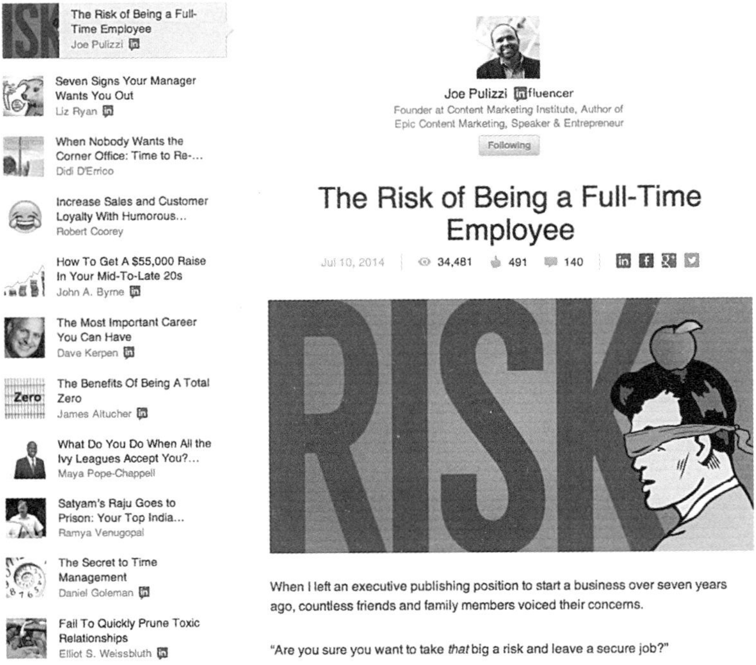

以下是对在领英、脉脉等职场社交平台上发布内容的一些建议：

- 明确你在领英上所要瞄准的对象，然后发布信息，吸引目标人群关注你的内容。
- 充分利用你的个人资料栏，嵌入社交账号、优酷视频以及所有内容资源的链接。
- 对团队每个人的资料介绍进行审核，保证每名员工都能够正确地代表公司形象。

社交媒体内容运营的关键要素

我们在前文中提到，拓展每一个渠道，都必须为其打造专属的运营方案。渴望快速成功的你当然可以覆盖所有渠道，但我们不建议你在内容创业初期这么做。因为井喷式的扩张会稀释你对每个渠道的关注，失去对内容质量的把控，甚至导致粉丝的流失。

想要为所选渠道创建一个基本的内容运营计划，首先要回答以下问题：

1. 你的目标是什么？

目标决定策略和方向。

你决定在哪些渠道上发布内容，需要有一个充分的理由。“获取粉丝”绝不是最终目的，但是“在微博上获取粉丝并将他们变成自己的付费用户”就是理由。这里的关键是，你在各类渠道上发布的内容要能让读者采取行动，也就是说，将微博等平台上的粉丝变成核心渠道的访问者、邮件订阅用户或者活动参与者。只有这样，你才能在核心渠道实现收益。

2. 粉丝想要什么？

你所给予的，必须是粉丝渴望的。

每个渠道上发布的内容都要实行定制化。思考不同渠道的内容需求，进而创建能与目标粉丝群体产生共鸣的内容。我们必须弄清楚：人们在这个渠道上渴望得到哪些信息？你可以怎样帮助他们？是应该优先发布文字、图片还是视频？

3. 这个渠道适合什么调性？

在这里，你必须通过内容给粉丝呈现一个活生生的“你”。

在考虑不同渠道的内容主题和形式时，你还要决定这个渠道的主体基调，这很重要。是朋友的语气，搞笑型，对话形式，还是专业型？

4. 发布内容的理想频次是多少？

在时间上尽量与粉丝的节奏合拍。

你希望每天或每周发布多少篇帖子？每天什么时间发布最好？你是发微博还是回复微信消息？你是更新 QQ 空间的状态，还是发布新的文章？不同的渠道要配合不同的节奏。比如，对内容营销协会而言，最管用的方法是：每天一到两次在 Facebook 上发布状态，全天候监测 Twitter，然后每天再在领英上花些时间。但是每家公司情况不同，你可能需要一些时间才能确定最适合你和粉丝的时间安排。

关键提示：让目标决定社交媒体的类型及内容。例如：假设你的目标是增加邮件订阅用户，那么在微博这类渠道上发布同样内容的帖子就没什么意义。因为如果读者可以在日常社交渠道获取同样的信息，何必还要订阅你的邮件呢？想想如何调整你在社交媒体上分享的内容吧，使其在契合渠道目标的同时也符合你的整体业务目标。

内容营销协会的社交媒体组合

过去 8 年来，随着美国内容营销协会的成长，它在社交媒体上的声量也逐步壮大。起初，协会的运作方式比较随意，但是现在，协会已经形成了更具战略性的方案，并对内容营销模式做出了相应的调整。

Twitter

每天，协会在 Twitter 上都很活跃，不仅分享社区动态，还推广原创内容。但是，最受欢迎的还是每周二中午的“内容营销世界”话题活动。这个活动于 2013 年夏季启动，用于宣传“内容营销世界”年度大会上的演讲主题和嘉宾。协会全年都在 Twitter 上进行大会主题的讨论。

无论是这些讨论还是活动，甚至在筹建意见领袖社区和建立信任关系的过程中，Twitter 都提供了巨大帮助。而意见领袖社区也在协会的日常内容和“内容营销世界”大会方面提供了帮助和指导。

领英

这一平台的战略重点是与内容营销协会领英小组讨论行业趋势。该小组成员喜欢的内容往往与职业和内容营销战略有关，同时，乔也与成员讨论内容杂志或是现场活动创意。这样做有助于把握粉丝的兴趣和需求，并据此对工作进行调整。另外，通过担任这个社区的版主，乔进一步提升了小组成员对内容的信任度，而这种信任有助于内容营销协会成功树立“可信赖的内容营销资源”的地位。

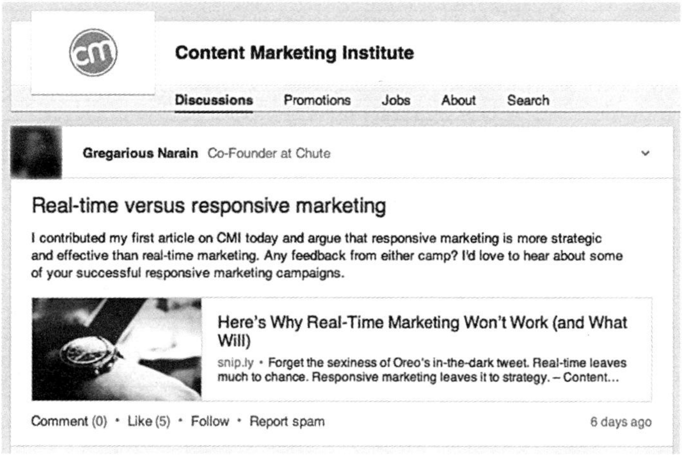

领英近来的内容推广政策使各公司更加专注于自己的原创内容

Facebook

在这个平台，协会希望展现趣味性的一面（毕竟，Facebook 的长处就在这里），因此用它来讨论新闻、活动、每周的内容营销新案例，分享激动人心的新鲜事，还会公布协会内部正在进行的工作。同时，这个平台为协会每一个人提供了展现个人风采的机会。每周对内容营销案例的报道使团队成员可以分享各品牌的长处，也使粉丝有机会看到他人的精彩成就，然后鼓励他们“你也可以做到”。

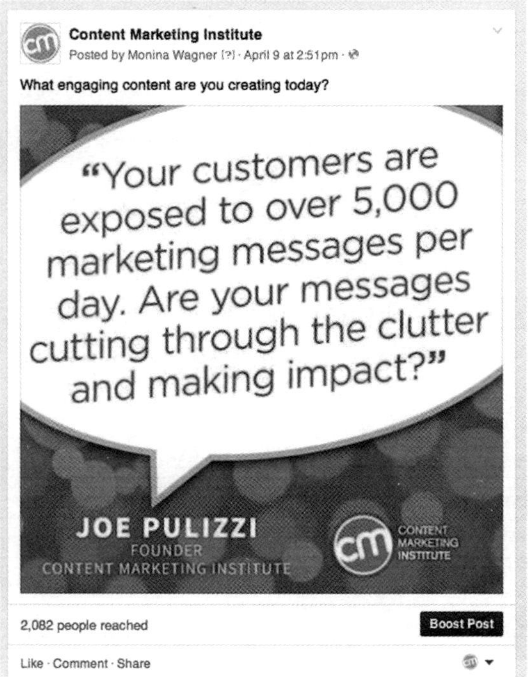

内容营销协会引用资深员工的语录，做成图片，每周分享到 Facebook 上

SlideShare

协会的目标是每个月在 SlideShare（幻灯片存储与展示的网站，也是世界上最大的幻灯片分享社区）上发布 3～4 个新的幻灯片，并追踪哪些幻灯片最受欢迎。协会会确保幻灯片与内容营销战略一致，同时又能让人感到有趣。由于内容营销协会大部分的内容是对外开放的，所以在 SlideShare 上发布的幻灯片对全社区成员也是可见和可引用的。如果他们想要下载这一内容，仅需要提供邮箱地址（这是产生邮件订阅用户的重要方法）。事实上，分享内容较长的幻灯片能够有效增加邮件订阅用户人数，因为这些幻灯片比较适合下载、参考或是打印；而内容较短、较生动的幻灯片则更易于公开分享，为内容营销协会吸引更多粉丝。

作者为你划重点

- 你无须活跃在所有的社交媒体上。开始阶段，先选择 2～3 个目标人群较集中的平台投入资源。

- 你想要在社交媒体上留下印记，让内容被更多人看到。但是记住，你的首要任务是尽可能多地增加核心渠道的粉丝。

- 大部分公司对社交媒体的内容投放毫无规划，他们往往是有了内容才想到投放。而你，永远要像对待核心渠道一样，从用户的角度审视社交媒体，制定内容策略。

第十一章　建立个人品牌的三三模型

年轻人，让你的名字变得有价值。

——安德鲁·卡内基

随着粉丝数量不断增加，你的个人影响力也逐渐显露雏形。在内容创业的过程中，个人品牌将成为你最宝贵的资产，是吸引粉丝的重要保证。

那么如何系统地树立个人品牌，使其具有蓬勃的生命力和强大的号召力呢？

在访谈过程中，我们尝试找出推动内容创业者获得成功的关键。结果得到的答案高度一致，我们把它总结为“三三”模型。

第一个“三”围绕个人展开。

前一个“三”：关于个人规划

问：企业家在建立蓬勃发展的个人品牌时，最重要的三条策略是什么？

答：网站（指个人网站、自媒体号或专栏）、书和演讲。

从乔的个人经历来看，建立网站、写书和通过公众演讲传播内容是推动个人品牌成长的三个关键策略，它们为乔带来了巨大商机。

不仅是乔自己，杰伊·贝尔、米歇尔·潘、罗振宇和其他来自世界各地成功的意见领袖都在使用这一策略。

- 个人网站。你的网络属地。在这里，你可以围绕统一的内容核心，讲述不同的故事，并鼓励粉丝将故事分享出去。大多数内容创业者都将个人网站作为核心渠道。

- 书。地球上最伟大的名片。书是故事的物理表现形式。如果有人问起关于你的一切，你就把自己的书给他。从 2010 年策划第一本“内容营销”系列书开始，我在认识比较重要的朋友时就很少使用名片，而是每次都送出我的最新书籍，让我和“内容营销”这个“名片”紧紧连接在一起。

- 演讲。个人网站和书带来公众演讲的机会。通过演讲，来自世界各地的人们将获悉你的行业洞见和专业知识。换句话说，你将在一群全新的观众面前传达你的内容。这是获取粉丝的绝妙机会。

在之前的章节中，我们已经介绍了如何创建你的网站内容，接下来我们将重点分享关于写书和公众演讲方面的经验。

关于出书的 8 点有效建议

仅 2016 年一年，全球就一共发行了超过 200 万种图书，差不多有一半来自中国和美国。其中，中国出版了 49.98 万种新书，名列全球出版量第一。但实际上，只有极少数人能从出书本身赚到钱，所以你的生意应该这么做：从内容创业的其他方面实现盈利，不要直接靠这本书。出书的最大目的是帮助扩大你的影响力。

写一本既能影响行业又能推动事业的书可不容易，以下建议可能会帮到你：

1. 做一个深度的内容盘点

写书并不是从零开始。在日常的内容创作中，你已经积累了一些可供使用的宝贵材料，或者你至少可以收集到一些内容作为重要章节的基础。因此，在动手写书前，你一定要确保完成内容盘点的工作。千万不要忽略这一步。

关键点：从零开始写书完全没必要，如果处理得当，内容库存会让你的起步更加轻松。

2. 你的自媒体是个宝藏

乔曾经出过五本书，而书中很多材料、想法和内容都源于他发布在网站上的文章，我们采访过的很多作者也是如此。如果你坚持写了 6 个月的文章，那么很可能已经完成半本书了。写书虽然不易，但是当你准备开始时，也许已经拥有了许多原材料。

关键点：博客成书的策略非常有效。当你准备为自媒体创建内容时，也要一直想着你的出书计划，并利用个人网站的内容逐渐丰满书的各个章节。

3. 与行业伙伴联合创作

你有一些从事相同领域却在目标用户上毫无竞争关系的搭档吗？如果有，可以考虑与他们合作出书。当然，一旦开始书籍推广，你还可以借力合作伙伴加大传播力度。

本书的顺利出版，就源自我和乔·普利兹历时三年的合作。从 2010 年策划国内的“内容营销”系列书开始，我们就发现，无论是北美市场还是亚太市场，内容营销都呈现出明显的上升趋势，全球范围内的内容营销需求正在崛起。作为内容营销的“尝鲜者”，我和乔都希望让内容营销的理念在具有全球视野的同时，能够落地中国市场。为此，我们决定从各自擅长的角度出发，将内容营销理论与实际案例相结合，帮助读者在个人兴趣领域开创自己的事业。

关键点：你不必独自做这件事。当你拥有很多合作伙伴时，将更有益于图书的推广，而且伙伴们的内容资产可能很有帮助。

4. 明确使命——希望读者从书中得到什么？

许多作家只关心自己想说的内容，而无视读者感兴趣的焦点。在出书之前，一定要弄清楚你希望读者从这本书里获得什么。当你在写书的时候，可以先把这个答案写下来，贴在墙上，不断提示自己。

关键点：以小见大。将自己定位成某一细分领域的顶尖专家，然后让书中内容专注于这一细分领域。

5. 借用意见领袖的传播力

如果可能的话，记得在书中提及那些行业领袖和合作伙伴的事例，前提是必须保证是优秀的内容。你的书中涉及的人越多，你获得外部分享的机会就越多。

关键点：来，跟着我说“我不应该整本书都写自己”。你会很惊讶地发现，很多人愿意被你写进书里，愿意授权你使用他们的内容。此外，在你书中出现的人物，将很有可能与他们的朋友和同事分享这本书。

6. 可以考虑代写

信不信由你，很多你喜欢的作者都是找人代写出书的。很难相信，对吧？但这是真的。如果你没有足够的时间或没有资源完成你的书，可以考虑找人代写。

关键点：你可能没有能力或时间来写一本书。有一些特殊人才可以帮到你。

7. 你需要编辑的帮助

作者不应该兼任自己作品的编辑。如果你真想创作一篇能够引以为豪的专业文章，就需要审稿人和编辑基于这本书的内容和风格，给你一些真诚的建议。

关键点：应该有一位编辑负责写作过程中的审查，另一位编辑负责审查成稿，这两位编辑是出书的最低配置。

8. 怎样规划一本书的内容？

关于出书我们已经给出 7 点建议，但对你来说，最难的可能还是如何开展行动。毕竟，至少 10 万字书稿的目标摆在那里，总是容易让人心生怯意。为此，我们将书籍的内容规划做一概括总结，你可以从这里迈出第一步。

- 封面内容。包括书名、副书名和广告语等信息。
- 概念介绍。这本书能解决的问题以及为什么这本书的内容是有价值的。
- 概念总结。给出一个令人信服的书籍概述，包括读者能学到的关键内容。
- 章节大纲。简洁，并尽可能完整。

- 关于作者。你的详细介绍，说明你为什么有资格写这本书。
- 作者的基本观点。你是如何领悟到这个理念的。
- 图书营销。包括你所有的营销资源。你有多少推广渠道？有哪些演讲安排？与行业组织可有合作？这些信息非常关键，出版商凭此预估该书销量如何。
- 读者是谁。明确这本书的读者是谁，为什么这本书能填补某项内容空白。
- 竞争。在同类书里列出你的竞争书籍。
- 补充介绍。前面未曾讲到的这本书的其他优势。

为出书付出辛苦是值得的，因为一本好书不仅仅是“值得拥有”，它还是游戏规则的改变者。一本书的出版将会给你带来超乎想象的机会。现在是时候把你的好想法付诸实施了。

做好公众演讲的秘诀

那是 2008 年的年中，当时乔还在努力耕耘个人网站，并拥有了一群忠实粉丝，他与努特·巴瑞特合作的《得内容者得客户》也刚刚出版。就在那时，乔收到了一封来自比利时的电子邮件，内容十分有趣。

邮件中，一家比利时出版公司告诉乔，他们将在布鲁塞尔举办一个大型的客户发布会，问乔是否可以在发布会上发言。他们公司将提供所有差旅费外加一点津贴。这个远在比利时的机会是怎么来的？答案是个人网站和书。

如果你在行业里没有一个有影响力的个人网站（或自媒体号）、一本深思熟虑的书和震撼视听的演讲，却想成为真正的意见领袖，简直就是痴人说梦。是的，尤其是前两项至关重要，它们能为你带来定期演讲的机会。当演讲成功后，人们会开始谈论你，传播你的信息，进而还会希望与你做生意。这就是奇迹的开始。

如果你已经相信公众演讲可以树立内容创业者的影响力。那么，请参考以下关于演讲的建议。

1. 筹备演讲阶段，个人网站是知识储备的背书

如果有人问起，你有哪些东西可以证明自己的专业知识，你该如何展示？当然，这个“证明”可能是奖品，也可以是证书。虽然它们都很完美，但是一想到这些东西都能从万能的淘宝搞到，也就显得没那么重要了。

作为会议的主办方，如果想要找到一位最佳演讲者，那么他第一时间要看的就是备选演讲者的个人网站（或自媒体号）。坚持发表文章，能体现出你对专业领域的热情和奉献精神。同样，如果操作得当，此类内容很快就会成为你展现专业知识的窗口。记住，要专注那些能让你成为行业顶级专家的领域。

2. 暂时没机会？那就从演讲视频开始

2017 年，乔为了筹备“内容营销世界”大会，收到了超过 500 份演讲申请。他在第一时间就排除了大概 200 份，因为这些人没有任何组织演讲或上台演讲的经验。

大多数活动组织者都会在亲眼看到演讲者的演讲能力后，才会签下他。这意味着如果活动负责人没有听过你演讲，而你也没有一个合适的例子来证明自己的演讲实力，你根本不会得到签约机会。

建议：如果你从未做过任何演讲，那就从视频演讲开始，甚至可以是一段录制并编辑好的视频，用来向负责人证明自己的演讲实力。

3. 设置一个记忆的钩子

备选演讲者这么多，活动主办方为什么要选你？你有什么特别之处？为了回答这个问题，你需要一些能使自己脱颖而出、与众不同的东西。我们的建议如下：

- **确定一种颜色。**乔的标志性色彩是橙色。在每次活动中，乔都会穿橙色的衣物，例如衬衫、套装、鞋子、方巾等等。他的全部行头都是橙色的，他希望自己的粉丝也是如此。

社交媒体专家玛丽·史密斯使用蓝色作为她的颜色。她甚至把她的演讲舞台也装饰成蓝色。如果颜色不是你的菜，那就尝试一个其他主题的服装。

- **参考电梯理论。**你能在 30 秒内讲清楚自己要谈论的主题吗？比如搞清“内向者的社交网络”或是“没有广告，金融企业将如何成长？”永远不要说你什么都可以讲，这意味着你什么都讲不出来。你应该围绕自己的甜蜜点来规划你的演讲内容。

4. 一位优秀演讲者的规划清单

如果对自己的演讲内容还没有清晰的规划，该怎么办？你当然不想让它变得很糟糕，却又毫无头绪。这时候，建议你关注以下内容，整理自己的演讲规划：

(1) 创建活动清单。列出至少 10 个你的目标人群会参加的活动，然后针对每个活动列出你要讲的内容并加入内容日历。

(2) 通过适当的渠道接触主办方。清晰地描述你的演讲重点(它该放在哪里，为什么它比较合适，它应该多长。另外，千万不要发送措辞不当的电子邮件，活动主办方很反感这个)，包括你的视频链接。活动策划人最害怕不确定性，所以确保你的表述足够清晰具体，避免一切猜测。

(3) 除非你的观点非常鲜明，否则不要在公开场合张口就说。每次演讲机会都是一次个人路演，激情、信用和热爱的领域才是你作为一个演讲者应该“推销”的东西。

（4）重点突出。用一张便笺，不是 A4 纸，而是那种小方块便利贴，写下你的演讲要点并仔细修改，把要点数量限制在 5 条以下。为每一个观点准备 10 种不同的表达方式，这样才能给人留下深刻的印象。

（5）资讯要新。把你说的内容和当天的微博热点结合起来，这样会更有吸引力。

（6）如果要使用辅助材料，比如视频或者幻灯片，请把花里胡哨的线条和表格，还有跳来跳去的动画删掉。对于观众来说，那些东西简直就是一场灾难。

（7）讲故事！千万不要把你的演讲搞成严肃的讲座。让人昏昏欲睡的演讲都是干巴巴的理论，而 TED 上那些出色的演讲者都是在讲故事。你的演讲内容应该是关于“人类利益”的故事，真实的人、真实的事。如果能将听众的真实故事加工成演讲内容中的生动案例，那将大大提升现场效果。

（8）不要辩护。你要的是赢得朋友，而不是炫耀知识。不要以俯视的姿态与听众讲话，要表现出对他们的完全尊重，他们值得你的尊重。

（9）帮助听众解决问题。你的建议，应该让人感到是针对他们个人的。优秀的演讲者会让听众觉得是在与他一个人聊天。做目光交流，一次只看一个人，无论是面对十个人的沙龙还是上千人的演讲，你都要想象是在与一位听众聊天。

（10）不用刻意追求一个讨巧的开场和一个有噱头的结尾。只要记住你这次演讲所要表达的几点内容，用一切办法把这些内容真正“交付”给你的听众。

（11）最后，把你的要点总结成简洁的、令人信服的材料。记住，这份总结不是指现场的幻灯片，而是精心准备的、即使没有听过演讲的人也能看懂的材料。在演讲最后，将总结材料发给听众，并注明你的自媒体号，然后告诉听众这是特地为他们准备的内部资料。我们保证，只要做到这一切，这份要点总结就一定会被大量转发。

后一个“三”：商业化活动

现在我们将注意力转向模型里的第二个“三”。相比于前一个“三”的个人化，接下来的“三”——网络渠道，纸媒业务，线下活动——则很商业化，比较适合在创业项目有了一定规模的情况下开展。

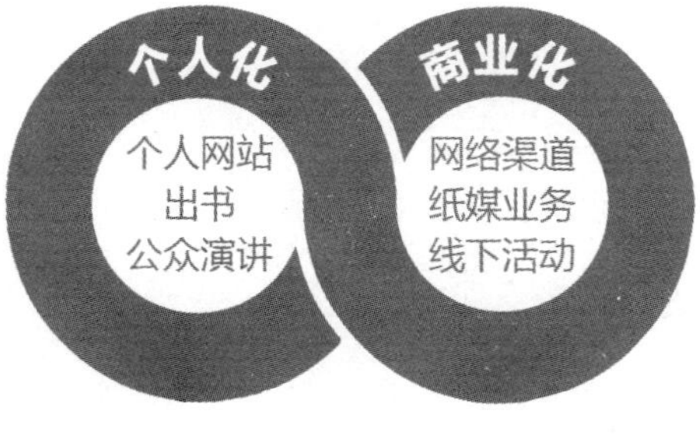

三三模型的形象体现

以下是一些你可能听说过的媒体品牌：

- 《新周刊》三大核心业务：网络渠道、平面杂志和多个线下活动。
- 《创业家》三大核心业务：网络渠道、平面杂志和多个线下活动。
- 《瑞丽》三大核心业务：网络渠道、平面杂志和多个线下活动。

出版业的三大业务支柱——纸媒业务、网络渠道和线下活动，是占领行业话语权的重要举措。正是基于这一点，美国内容营销协会推出了与核心渠道（网站）相配合的平面杂志和大型线下活动。同理，要想成为所在领域的资讯专家，公司需要真正做到“三三模型”。

当企业的影响力不断扩大，并逐渐掌握了粉丝喜好，就会发现用不同方式让更多粉丝接触到企业内容，将更有利于销售。

美国内容营销协会的主要收入来自“内容营销世界”活动。为了最大限度地吸引观众亲自到场，乔尽最大努力寻找与粉丝沟通的渠道。

2014 年“内容营销世界”活动结束后，乔询问与会者是从哪些渠道了解到内容营销协会的。答案令他大吃一惊：80％的与会者一直使用至少三种渠道了解内容营销协会。

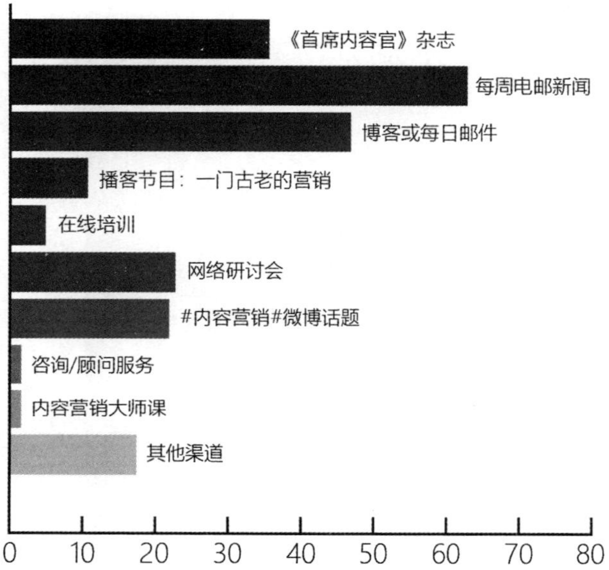

内容营销协会发现那些花钱参加活动的人还积极关注协会的其他内容渠道

这就是内容创业在拓展渠道时，需要多元化呈现内容的原因。由于本书已经详细介绍了大部分网络渠道，现在，就让我们快速浏览一下纸媒业务和线下活动。

纸质阅读的机遇

现在，只有大约三分之一的营销人将纸媒业务列入内容营销策略。大家都过于关注网络渠道，以致忘记了纸媒的影响力。

从现在开始，你应该把纸质刊物当成是一次收获大众关注的机遇。对于各大品牌而言，现在是使用纸媒的最好时机。作为一种营销工具，商业性与专业性并重的印刷刊物正在逐渐回归人们的视野。TD Ameritrade公司发现，90%的消费者会直接购买纸质杂志上销售的产品。这些读者几乎一整天都待在电脑前，他们希望有个机会能打破这种状态，去发现一些电脑以外的东西。

另外，我们还有一个重要发现：定期阅读杂志的读者，其交易次数是不定期阅读者的5倍还多。

数字预言家曾说，未来十年大部分纸媒都会消失。我们则认为，任何发表这种言论的人都是不了解历史的。百度搜索“电视的消亡”，瞬间会弹出成千上万篇预言电视终结的文章。可事实呢，我们甚至可以说，现在是电视行业发展的黄金时期，国内《奔跑吧兄弟》《欢乐喜剧人》等真人秀，《人民的名义》《欢乐颂》等电视剧正在引领电视行业发展。

互联网的发展并没有消灭这些媒体类型，只是让我们换一种角度看待它们，因为消费者正在以不同的方式消费这些内容。

据中国新闻出版研究院2017年4月18日发布的第十四次全国国民阅读调查结果显示，2016年，中国国民人均纸质书阅读量为4.65本，比上年多0.07本，而人均电子书阅读量为3.21本，比上年少0.05本。也就是说，纸质阅读正在复兴，虽然数字看着不大，但别忘了任何一个小数字乘以中国人口数量都是一个不可忽视的大市场。

就在近期，美国爱彼迎创立了一本消费型杂志《菠萝》(象征着“欢迎”)；优步也创立了一本杂志《动量》，专为司机服务。当世界上大部分创新型企业都开始关注纸媒的时候，你也是时候注意了。

以下是你应该考虑纸质刊物的原因：

1. 纸媒的价值是什么？

你有没有注意到，最近收到的邮件中，杂志和纸质信件有多少？它们是不是越来越少？反正我收到的纸质信件是越来越少，因此我对每份纸质信件的关注就多了一些。事实上，每次公司订阅的杂志发到办公室，我都非常激动。

看！机会来了！有一些传统媒体，像我们曾经熟悉的《京华时报》《外滩画报》等经典报刊已经停办，对于一些品牌来说，填补这个空缺正是机遇所在。

2. 消费者在这里寻找问题

我们喜欢互联网，因为在网上几乎能找到所有问题的答案。但是，当我们思考该问点什么的时候，应该去哪里找呢？我最近见到了一位出版商，他说："网络是我们得到答案的地方，但是纸质刊物是我们找到问题的地方。"当你需要自问时，纸质刊物是帮你脱离思维束缚的最好媒介。如果你想对你的目标客户发起提问，纸质刊物是一个不错的选择。

3. 纸媒仍然令人信任

我的一位记者朋友曾说："让人们相信网上的内容越来越难了。"而这正是纸媒的优势之一。对很多人来说，印刷出来的文字可比网上的内容可信多了。有句老话："如果有一件事情被印刷出来，说明这件事情一定很重要。"

《首席内容官》杂志的内容编辑亲眼见证了这一点。投稿者喜欢自己的名字出现在网站上，但他们更渴望自己的文章能被印刷出来刊登在纸质杂志上。事实上，同样的稿件出现在纸质刊物是还是网络渠道上，会带给人两种完全不同的感受。这一点对消费者同样适用。

线下活动让社群关系更加牢固

前段时间，我出席了一个经理人会议，主题是如何将线上线下活动结合起来。因为有人担心，越来越多的人通过社交媒体在网上交流，这会导致人们对线下活动的需求大大减少。这个观点大错特错！

事实上，大企业投放在线下活动的预算一直在增长，因为再多的线上互动都抵不过与潜在用户面对面的交流。在这个虚拟链接泛滥的时代，越来越多的人渴望真实交流的机会。

我的亲身经历就能说明这一切。2013 年我建了两个内容营销沙龙的微信群，一个群来自线上的社交媒体，另一个来自每个月的内容营销线下交流活动。有趣的是，两个群的质量截然不同：线上群有 15%的成员会在群里发广告，且退群人数占 8%。而线下群没有任何人发广告，退群率才不到 1%，并且在退群时都会告知原因。由此可见，虚拟社交和真实见面所产生的关系强度完全不同，后者所建立的关系要远远好于前者。

是不是头脑一热马上想要开启线下活动呢？在决定组织活动之前，你可以先问自己两个问题：

- 你的内容领域有专门的活动吗？如果答案是没有，恭喜你有了开创历史先河的机会；如果是有，你就需要找到一群特定的目标人群，立足细分领域，创建该领域的专属活动。

- 你了解自己的粉丝吗？在做活动之前，你必须掌握目标人群的行为习惯和背景信息，包括生活区域、年龄、爱好、文化等等，并以此为依据策划线下活动。建议从小型活动做起，以实验精神不断打磨，逐渐形成标准化。

策划线下活动有如下 5 个关键点：

- **关键定位。**活动定位必须与品牌精神一致，每次落地活动都是品牌向外延伸、直达目标人群的机会。例如：华为花粉年会就是专为旗下消费电子产品的粉丝打造的，尤其以荣耀、麦芒这两个手机品牌的粉丝为主，因此其活动围绕华为手机“勇敢热爱”的主题展开，以校园摇滚的形式落地。
- **关键时间。**结合活动定位，在传统节日、文化活动和目标人群行为习惯那里寻找适合发挥的时间点及创意环节。最常见的就是四年一次的奥运会所掀起的线下活动热潮，无论是那些 TOP 赞助商还是蹭热点的其他品牌都赶在这个时间点，策划大大小小的落地活动。
- **关键人物。**活动环节设计必须考虑参与者都是哪些人。例如：参会者都是企业决策层，那么活动内容就应该高屋建瓴，提供一些方向性观点；如果参与者都是具体的执行人员，那么会上介绍一些提高效率的产品和服务就比较合适。
- **关键转化。**任何一场活动，都必须考虑转化环节，否则就是浪费钱。这个转化环节未必是实现销售，而可以是升华粉丝关系、吸引订阅用户。常见的线下转化手段有现场建群、免费公开课报名、免费课件下载等。

- **行为剩余。**就是在完成一次活动之后，参与者的参与行为中所剩余的品牌价值。简单来说，就是大家在参加活动之后的几天，甚至几个月里，仍然能通过某些相关事物回想起这次活动，或者无意中帮你宣传品牌。例如：纸质刊物、与会纪念品等等。

内容营销世界

2010 年 9 月，内容营销协会宣布策划一项行业标志性活动——“内容营销世界”。同月，协会在俄亥俄州克利夫兰市组织了一次午餐会议，讨论了上述项目的可行性。记得在午餐会上，乔邀请了多位营销同行与克利夫兰市政府领导，希望得到他们的支持。没想到的是，就是这次午餐会，为“内容营销世界”找到了白金赞助商。

记得首次“内容营销世界”大会选择的会议室仅可供容纳 150 人。结果到了活动开始时，居然有 660 人来参加会议，几乎把酒店房间都住满了。

乔把促成该次活动的原因，总结如下：

- 在前期，我们列出了计划邀请的意见领袖。

● 我们给嘉宾留出了足够的时间来安排参会的时间和费用。

● 我们为嘉宾提供了参会的凭证，例如一份可以提交给老板的参会证明。

● 我们的预算只支持小型活动，但如果活动规模变大的话，我们也预设了安全界限。

● 提前计划，深谋远虑。由于这是协会的首次活动，我们必须在实践中学习，分秒必争。

● 我们雇用了有口碑、有经验的活动策划人。5 年内，这个小型活动已经聚集来自 50 个不同国家的 4 000 多名代表，并且成为克利兰夫市最大的周期性商业活动。

现在，“内容营销世界”已成为行业内最大的线下活动。同时，内容营销协会还打造了一系列活动组合。其中，智能内容会议是在美国西海岸组织的、针对特定人群的大型会议。它旨在吸引更多精

英级营销人员和内容策略专家，每年有 400 名代表参与其中。而内容营销协会的高峰论坛则只邀请那些心系内容营销的高级执行官，每次限定 40 名代表。

由此可见，你设计的活动可以是小型、中型或大型的，但无论怎样，满足粉丝的见面需求与创建社交网络都能提高你在细分领域的地位。

更轻更高效的线上活动

除了之前章节提到的多个网络渠道之外，组织线上活动也是推广品牌的高效方式之一。在众多线上活动类型中，在线研讨会的形式相对便宜且更容易组织。例如现在微信上流行的“一块听听”，只需几块钱，就能在线收听行业专家的直播演讲。当然，微信群的力量也不容小觑，你可以组织一个或多个微信群，用机器人多群授课的技术，实现多群语音直播。

全世界最伟大的新、旧媒体公司都在使用“三三模型”。在它们的发展历程中，都成功建立了网络渠道、纸媒业务和线下活动，使粉丝沉浸到兴趣变现的“内容诱饵”里。你的机遇，就是从个人或企业的角度出发，拓展多元化内容，搭建自己的“三三模型”，最终推动内容创业向前发展。

作者为你划重点

- 当你开始让自己的渠道变得更加多元化的时候，一定要确保你能看到渠道背后隐藏的机会。世界上最大的媒体品牌不仅会利用网络渠道，还会很好地利用线下活动和纸质媒体。

- 内容创业最成功的企业家都关注个人网站、书和公众演讲。三者结合将帮助你的内容创业战略更上一层楼。

- 在内容多元化的同时，你也必须认识到，影响力的大小与内容的多寡无必然联系。更多的内容并不能保证将你的资源利用到最好。

第十二章　内容团队

没有完美的个人，只有完美的团队。

——肯·布兰佳

在筹备本书的过程中，我们访问了很多成功的内容创业者。他们在初创期几乎都没有组建团队，鸡语者、凯叔、六神磊磊都是如此。但是，当多元化的渠道拓展之后，随着内容需求量的增加，他们无一例外都创建了自己的内容队伍。

如果你想持续不断地吸收粉丝的热情与信任，把兴趣发展成蒸蒸日上的事业，就必须扩大团队规模。

内容创业必须具备哪些职能？

作为一个渴望长久发展的内容创业团队，很多核心职能必须具备。总的来说，内容团队的架构取决于目标人群和内容使命，并没有可供套用的模板。但是，我们建议优先考虑以下职能。注意，这里是职能不是职位，有些“职能”需要多个伙伴来完成，也有可能由一个伙伴身兼多职。

首席内容官。也是创始人的角色，负责制定整体编辑策略以及内容使命宣言，负责管理所有团队成员创作的内容，确保故事风格统一、有连贯性，并能被粉丝理解。

此外，首席内容官还必须了解如何通过这些内容达成企业目标，如吸引、维护订阅用户，开辟新的利润渠道等。

内容创作者。这个角色是内容团队的基础，他们必须是一群有创造力和新鲜想法的人，负责创作引人入胜的内容，从而推动实现企业目标。

当然，内容创作者并不局限于写作者，还包括优秀的设计师、音频制作者及视频制作者等等。他们的共同点是，能够快速分辨出哪些内容更受目标人群欢迎，而哪些则完全行不通。另外，他们还需要了解一些搜索优化的关键词技巧，知道如何在内容中无缝嵌入核心关键词，从而提升内容在搜索结果中的排名。

内容编辑。这个角色主要负责把控内容质量，同时还要和团队一起制定工作日程并创作有效的内容。在逐步积累内容资产的过程中，会出现很多值得被重塑使用的内容，而内容编辑则要持续关注现有内容，并伺机从中发展出新内容。

除此之外，随着渠道的不断拓展，企业对自由创作者以及外包内容代理商的依赖性也越来越强。因此，有必要培养外部的内容专家团队和自由创作者关系网络。对此，内容编辑要负责协调固定团队与自由创作者的比例及职责分配，确保内外团队的内容计划有序推进。

运营经理。这个角色代表首席内容官把内容计划执行到位，职能包括发布内容、倾听粉丝反馈、充分调动和利用内容渠道、关注时下最新技术并将其运用到核心渠道上等工作。

在发布内容时，运营经理要确保内容创作者对目标粉丝的特点、喜好以及如何促使粉丝采取行动了如指掌，通过整体运营策划和执行，使内容触达目标人群并取得预期效果。完成发布后，运营人员还要倾听来自目标人群的声音并与之保持沟通，最后将信息反馈给团队。

此外，运营经理还要承担项目推进者的角色，在每个重要环节把控项目进度，同时根据各渠道特点制定相应的内容投放规划。

将内容外包给自由创作者

也许你已经发现，想要持续输出足够数量和质量的内容，仅凭团队的几位创作者是远远不够的。但扩招大量的专职创作者将产生巨大的人力成本，这个时候，你可以考虑将内容外包给自由创作者。

如何才能找到优秀的自由创作者呢？是先找擅长写作的，然后把专业知识讲给他们，还是先找懂行的，然后再培养他们写作？

我们先来看一下 YouTube 红人马修是怎么做的：

《游戏博弈论》是如何玩转内容的？

《游戏博弈论》的视频内容主要是分析那些游戏背后的数学原理。创始人马修·帕特里克白手起家，现在却已成为拥有 400 万粉丝的网络红人。他向我们展示了他的内容团队是如何分工合作的：

《游戏博弈论》下设两个部门，彼此间协作得非常顺畅。

其中之一为制作部门，负责所有视频的制作。这个部门中占比最大的是《游戏博弈论》的内容创作团队，有 13～16 个人，包括自由撰稿人、作家、销售等。其中大部分人对专业领域并不熟悉，但是创作能力很强。

这些人除了要负责马修的视频节目之外，也为一些游戏公司制作特定的推广视频、广告等等。他们制作的全部内容都发布在《游戏博弈论》频道上，用来推广产品或介绍服务。针对其中的广告部分，马修会亲自撰写文案，因为他善于用文字打动别人，刺激消费行为。而其他视频，则大量采用了自由撰稿人贡献的内容。

另一个就是咨询部门，马修在咨询方面的运营方式跟传统咨询公司类似，目标是帮助客户围绕视频渠道吸引潜在用户关注。这个团队的成员都是行业专家，可以进驻到客户公司，进行为期一天的研讨培训，并且带客户浏览马修公司发布在 YouTube 上的内容。咨询服务包括关于内容创作的基本知识，何种内容在平台上最有效果，如何优化内容细节，以及如何推进才能取得成功。

此外，马修团队还有长期的服务计划，可以安排经验丰富的专业人士到客户的公司担任内容总监或渠道经理。

马修表示，他们有一整套帮助客户发展新媒体渠道的咨询服务，同时他们的服务精准定位于这个领域，这是基本准则。

聘用自由创作者的 4 个注意事项

在马修的案例中，我们为“是先找个会写作的，还是先找个懂行的专家”这一问题找到了可参考的建议：

- **专业人士虽然好，但并不能解决一切问题。**假如有两个候选人可供选择：第一位是不错的作家，性格气质与公司非常相符，但却缺乏专业知识；另一位是行业专家，但是你却无法与其共处一室。这种情形下，请选择第一位。因为专业知识可以传授，但气质、个性却很难改变，对待事业的激情同样无法由他人赋予。
- **寄希望于营销人员、作家、摄影师都不是正确的方法。**甚至就算找到了内容战略专家也未必适合，你要找的是真正能帮到你的人。正确的做法是，先了解目标人群，然后用内容吸引那些了解目标人群并拥有专业知识的人，包括你所处领域之外的专家。但大前提是，这些人必须比你更了解粉丝。

- **聘请适合的文案、记者以及行业撰稿人。**文案的工作风格及敏感度与记者完全不同。如果你是在寻找写资讯文章的人，那么广告文案并不是最佳人选。如果你想找的是可以将内容使命及推广效果发挥得更好的人，那么你所需要的就是出色的文案。

- **建立正确的业务关系。**了解合作中的各个因素，并明确相关流程和处理方式。例如，你与外部撰稿人的合作中是否存在这种情况：定好每周固定发布几篇内容，而后按月支付稿费。结果临时多发了期内容，这该怎么算？解决此类问题，需要你根据公司的规模，明确发票及付款制度，同时兼顾撰稿人的需求，事先制定较完善的合作方式。此外，还要明确目标，比如一篇本应为 750 字的文章突然变成 1 000 字了，或者面对内容严重跑题的情况，该如何处理？面对这些，你都应该做到心中有数，而不是出现问题后措手不及。

利用“刊头”寻找优秀作者

刊头就是杂志上署名作者、编辑及运营经理的位置。如今，报刊虽然有些没落，但刊头却依然存在。内容创业者要学会如何利用它们。

打开行业前沿的杂志或网站刊头，你会发现其中藏有大量的优秀创作者。这些作者不仅了解你的粉丝，还可以游刃有余地撰写相关的原创内容。除了创作者之外，刊头还会列出编辑人选，他们可以帮你将原始材料转化为精彩纷呈的故事。

此外，刊头还可以提供潜在粉丝的相关信息。它向人们展示了发行渠道、粉丝拓展以及用户生成全过程中的各类职能角色。这些信息有助于我们锁定目标人群，与之建立关系并最终促使人们产生消费行为。

如果有设计方面的需求，刊头也可以提供令人满意的答案，里面关于设计师一栏写得清清楚楚。

现在，正是绝佳的好时机。因为很多媒体机构及出版公司运营得并不是太好，升职加薪更是难上加难，而这正好为你的挖角计划提供了大好机会。

试用第一，合作第二

在创作者资源充足的情况下，不必急于建立长期的合作关系。招募外部创作者时，可以先用几个内容测试一下，然后考虑：这个人的写作风格是否符合要求？交稿是否守时？是否经常在社交圈里分享其创作的内容？

如果该创作者满足以上几点，便可以考虑与其建立长期合作。我们曾目睹过很多营销人和企业为了出名而直接聘请了某些明星写手，但到最后却因各种问题不欢而散。所以，在决定用人前先要对其进行测试，做到心中有数，以免白白浪费时间。

自由创作者问题沟通清单

找到适合的创作者之后，你需要将项目的基础信息全部交代清楚，并且把背景资料一同交付给他们（这个环节要考虑是否需要签署保密协议）。更重要的是，就双方的合作方式进行清晰有效的沟通。

- 他们需要创作哪些内容，处于内容日历的什么阶段？撰稿过程中的一切细节，你都要及时沟通和掌控。
- 他们所负责的那部分内容的目标是什么？要兼顾你的目标以及粉丝的期待。
- 他们需要哪些专业或第三方资料的支持？他们是否需要采访内部人士，纳入外部信息或是重新利用既有素材？
- 酬劳以何种方式结算？是以每个作品、每小时，还是每笔交易结算，是否需要预付款？
- 内容作品的每个修改版本都要提供。

什么是合理的撰稿预算?

在美国，最贵的自由撰稿人是1美元/字，这是高质量独家内容（如调研报告及白皮书）的价格标准。然而，对于文章类内容的撰稿人来讲，每个字经常只有5美分。目前，国内稿费水平较高的媒体可以开到千字500元以上，过千元的情况也有，而一般的自媒体付费标准，千字价格则在100～300元。

在内容营销协会的运营过程中，固定费用的结算方式最为适用——即在协议期内，自由创作者完成一定的内容量，雇佣方按月支付费用。对于双方来说，这是一个共赢的方案。一方面，固定费用支出有利于公司预算的管理；另一方面，自由创作者也不必计较字数。毕竟，一篇内容该多长就多长，何必要限定字数？有个大致范围就可以了。

用真正的自由吸引有才华的员工

如何吸引有才华的人主动向你靠拢、贡献内容呢？

内容营销协会的大多数成员都是专职的合同制员工。但很多员工都希望拥有自由的工作时间，他们不喜欢朝九晚五的刻板工作。而大部分人才，就藏在这些寻求更多灵活空间的群体当中。

乔在 17 年前刚刚踏入媒体行业的时候，整个行业很流行在全世界范围内寻找各种自由创作者，目的就是以足够的自由空间换取全世界最好的人才资源。

可到了今天，却有很多老板希望员工能够老老实实待在公司里创作内容，不要接触外部，更不能接手其他公司的项目，他们把这当成是打造公司文化的重要部分。当然，一些员工可以接受这种文化，但是精英人士却渴望得到更多机会。对你的行业以及一些重要项目来说，不给员工自由的空间，你就找不到合适的人才。

汉仪字库 CEO 谢立群也提到，现在与汉仪字库稳定合作的外部设计师在数量上几乎与内部设计师持平。在合作过程中，汉仪给予了设计师们充分的空间和自由。由于人数众多且水平不同，为了把控风险，汉仪特别设置了几个控制节点：（1）安排资深设计师专门负责把控内容质量；（2）对于新项目，给予其自由生长的空间，允许试错，同时提倡项目的小步迭代；（3）授权员工，使内外部决策效率更高，反应更快；（4）对于大型项目，领导参与讨论，尽量使信息更全面，将企业使命置于盈利目标之上。

协同发布模式

米迦勒·施特茨纳在创业时跟几个关系好的朋友建议：可不可

以每人每个月写一篇文章，直到不想再写了为止。坚持一段时间后，他们的小团队有了一位志愿者，免费承担起编辑的工作，同时还负责将这些内容发布到网站上。接下来发生的是：在大约 2 个半月的时间内，这个网站收获了 1 万名邮件订阅用户。

这就是社交媒体营销教育类网站“社交媒体考官”的故事，现在这个网站已拥有 35 万订阅用户。

福布斯、内容营销协会、社交媒体考官，这些内容创业者究竟有何共同之处？

答案是：他们都采用了协同发布模式。与传统出版商雇用记者、撰稿人的模式不同，协同发布的做法是在兴趣社区内寻找相关内容，并将其发表在自己的网站上。使用这种方式，他们都取得了巨大成功！

为何要考虑协同发布？

协同发布是指通过充分利用外部投稿人创作的内容，建立社群的商业模式。当内容社群成功建立之后，还可以进一步引进意见领袖及行业专家来填补内容中的缺失部分。

协同发布模式除了可以帮助你应对不擅长的内容领域之外，最大的优点在于有机会吸引新的粉丝。一般情况下，投稿人都有自己的粉丝，如果运用得当，这些资源便可以转化为你的粉丝。

传统媒体公司只推崇“合同型”人才，并不喜欢从兴趣社区里寻找自由投稿人，而这正是你的机会。

如果你的网站拥有多个内容社群和行业资讯站点，就可以采用协同发布的模式与多名投稿人合作。很多投稿人为了得到发表文章的机会而乐于免费提供文章。当然，为了提升内容质量，你也可以聘用很多顶级撰稿人、编辑、内容出品人等等，但行业意见领袖和社区活跃分子创作的内容仍可以作为网站内容和粉丝的重要来源。

协同发布工作流程

通过发掘投稿人来创建协同发布模式的操作方法有很多种。但从工作流程方面来看，搭建这一模式的关键，还是人才。

首先要与投稿人约定严格的准则并明确告知你的期望值，如果这一点做得马马虎虎，你的内容社群将很难树立行业权威的形象。

对外的约稿邮件怎么写?

内容营销协会发给投稿人的邮件

幸会，蒂姆!

您可以访问我们的官网获取文章创作准则，为方便起见，这里特别总结了我们的首要宗旨和具体要求，请您参考。

我们的创作目标在于，为那些就职于大型企业的内容营销从业者提供专业见解及行业前沿资讯，以帮助他们推进内容营销方面的交流并提升其相关技能。秉持以上宗旨，我们竭力寻求优秀内容。具体要求如下：

- 文章应关注内容营销从业者所期望了解的行业先进理念、技术、工具及流程等方面的内容。如果您有哪些想法，我们很乐意与您共同探讨。
- 文章应避免空泛的建议，而应在以上领域中给出具体执行方法。
- 文章最好包括相关视觉内容，例如相关的图片和视频。
- 文章应尽量为读者提供可使用的资料或工具，例如模板、步骤指导或清单等。
- 提倡使用真实案例以便更好地说明实施方法。

以下是我们需要的核心话题：

- 内容策略
- 运营、团队和流程
- 建立社群
- 内容创作
- 视觉内容及设计
- 社交媒体

- 搜索引擎优化（SEO）
- 内容发布和推广
- 效果评估及投资回报率
- 业界新闻及趋势

如果您决定向我们投稿，敬请告知大致时间安排，以便我们后续与您联系。别担心，提供您的日程安排并不意味着会被追稿，如果您有调整日期的需求，我方会根据紧急程度做出相应安排。

如有任何疑问，请随时与我联系。期待与您的合作！

工作愉快！

投稿人提醒机制

当自由创作者达到一定数量之后，发布流程就会变得非常复杂。所以，在收到投稿请求后，请遵照以下步骤处理：

- **邮件 1**：通知投稿人收到申请，并告知截稿日期和流程步骤。
- **邮件 2**：通知投稿人申请是否通过，如果通过的话，通常会有修改需求。
- **邮件 3**：发送文章预览，文章定稿并确定发布后，网站编辑需要给投稿人发送文章预览；同时还可告知预计发布日期以及与粉丝分享文章的其他方式。
- **邮件 4**：告知投稿人文章评论，编辑或社交媒体经理会把文章的第一条评论转发给投稿人，并要求作者进行回复。

- **邮件 5：**热文通知，如果文章很受欢迎，则应告知投稿人并与其保持联系。因为这意味着，该投稿人很有价值，你可以考虑让他继续发文或成为长期投稿人。

作者为你划重点

- 内容初创期，团队应尽量精简，以免产生过多的人力成本。随着公司的发展壮大，首先要完善团队基本职能，然后再考虑外包资源，以腾出更多的精力去关注更高价值的工作任务。
- 通过行业媒体的刊头可以找到出色的内容创作者和设计人才。
- 在决定雇用某个写手之前，先进行测试，再建立合同制度。这样做，即使发现这个人不适合，也不会搞得伤筋动骨。
- 要使协同发布模式产生效果，沟通非常重要，在开始寻找投稿人之前应先确定工作流程和沟通方式。
- 刚开始建立协同发布模式时，要注意挑选合适的人选，数量要少，便于管理，之后再建立一套完整的运营机制。

第六部分

实现盈利，让兴趣变现成为可能

富人的秘诀，就是在别人谨慎的时候贪婪，别人贪婪的时候谨慎。

——沃伦·巴菲特

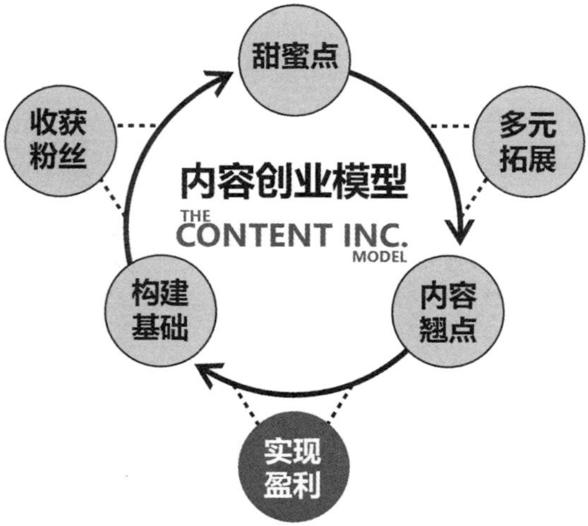

赚钱的时候到了！你已经找到了甜蜜点，确定了内容翘点，构建了内容基础和社群，并成功拓展了渠道。现在正是内容创业开始盈利的最好时机。只要你不断倾听粉丝的声音，了解他们的特征和喜好，盈利点便会在不经意间出现。

第十三章　建立盈利模式

今天很残酷，明天更残酷，后天会很美好，但绝大多数人死在明天晚上，见不到后天的太阳。

——马云

任何事情都需要量的积累，一旦突破临界点，就能产生质的飞跃。速度公司联合创始人道格·凯斯勒曾提出“收益涟漪”的概念。他认为，除了让销售增长、节约成本、拓展客户等盈利思维之外，还有一个重要指标不可忽视，这就是“收益涟漪”。“收益涟漪”指的是内容创业策略所带来的意外增长，例如你在某个活动上发表演讲，个人品牌可能就此被某人传播出去，或者无意间被誉为业界专家。对于创业者而言，这就是扩散的“涟漪”。在启用内容创业模型时，我们通常不确定利润在哪里，例如R&S纤维泳池公司就从没想过其利润会来自泳池制造。马修·帕特里克也没想到

YouTube 会请他代言。所以，只要坚持到“收益涟漪”的临界点，利润便会滚滚而来。

厨师迈克尔·西蒙的收益涟漪

迈克尔·西蒙可能是俄亥俄州克利夫兰市最著名的厨师。对于一个餐厅老板来讲，他最初的创业经历相当普通。迈克尔先是在克利夫兰和纽约都开设了餐厅，按部就班地缓慢发展。但 2007 年，他参加《美国铁人料理》节目之后，一切彻底改变了。从那天起，他开始经常在美食频道露面，并通过 ABC 频道一档名为《品味》的日播脱口秀节目达到了个人影响力的顶峰。

现在，每天有数百万人通过各类网络渠道收看迈克尔的节目。更重要的是，他仅用短短几年时间就将这些观众转化成为 100 多万的社交媒体粉丝。

迈克尔的餐饮事业日渐红火，还经营了西蒙酒吧和 B Spot 这样的汉堡店。如今，迈克尔投资了几十个利润丰厚的餐厅，但最值得我们关注的还是他与内容相关的盈利项目：

- 出书：《迈克尔·西蒙烹饪》以及《吃什么显得更有品》
- 向经营克里夫兰骑士队主场的爱玛客公司授权特制食品
- 成为维他美仕公司及卡福莱公司的代言人，并与乐事薯片等

大型公司合作

- Weston 官方迈克尔·西蒙厨具
- 开创自有品牌刀具

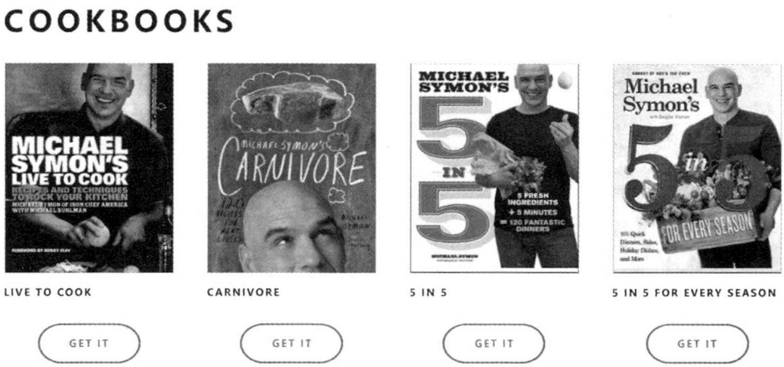

类似项目还有很多。不难看出，厨师西蒙和其他内容创业者成功的原因，在于先发展社群，再拓展盈利方式。

实现盈利之前要想办法活下来

大多数内容创业者在发展初期需要不断寻找利润来维持生存。内容营销协会通过赞助商模式创造了收入（下文将详细介绍）。数码摄影学校通过持续式销售创造了收入。《游戏博弈论》通过 YouTube 广告创造了收入。Moz 通过咨询服务创造了收入。凯叔用自己的老本行配音创造了收入。

如今，这些公司都发展为成长迅猛，且身价上亿的公司。

据《企业家》杂志的研究结果显示，工薪族一般都有一到两个收入来源，包括工资和投资理财产品。他们每天重复着同样的工作，还各种账单，每个月下来存款所剩无几。

而那些千万富翁却有多个赚钱的渠道，包括多家公司、房地产交易以及不计其数的投资等等。这也正是成功的内容创业者所共有的思维方式。

无论你是白手起家的创业者，还是在大型机构运营内容创业项目的负责人，都需要不断思考从内容盈利的方式。

从内容获利的 5 种方法

截至 2015 年 3 月，著名投资人、网景公司联合创始人马克·安德森已投资了 33 个内容创业项目。安德森正在对内容资产下重注，他笃定未来得内容者得天下。

不过，安德森认为，内容创业者的盈利模式应该从单一的卖广告，拓展到更多盈利方式。他说：“内容业务应该像企业做生意一样来运行。”

内容创业者应该多元化地利用内容获利。安德森称：“这又不是单选题，也不是选完就不能改了。内容公司应当将不同模式连接起来打组合拳。”

接下来，我们就探讨一下内容创业者盈利的几种方法。

1.“有限库存”的赞助模式

当年乔辞去了媒体公司副总裁的职位，雄心勃勃开始创业，那时他根本没有固定收入。为了让公司活下去，他开始为一些传媒领域的机构做咨询顾问。

在他的客户中，有一家非营利性机构希望通过媒体广告业务发展新的利润增长点。但是他们的杂志广告利润正在缩水，同时集团对他们的网络广告收入考核指标还要提升。也就是说，如果再无起色，他们就得裁员。

乔在与这家机构的销售团队深谈之后，发现了四个主要问题：

(1) 销售人员习惯卖平面广告，对网络广告完全不在行。

(2) 销售主管不懂网络营销，只懂得发广告、搞促销，没有任何效果。

(3) 没有网络广告销售机制，换句话说，全靠销售人员个人随意发挥。

(4) 网站流量不足，缺乏吸引关注的原创内容，广告销售难度很大。

正常情况下，想要解决上述问题，着实需要花一段时间好好给这家机构补补课。但委托人表示没有时间再等了，他们迫切需要找到利润维持生存。就在绝望边缘，乔开发出了“有限库存”模式。传统平面广告在销售时，可以通过加页的方式增加广告位，“库存”随时都有。虽然每家媒体都会限定刊物页数，但在利润面前，他们总能腾出地方放下广告，网络媒体更是如法炮制。他们只知道无休止地给读者推送广告，然而，根本没人买。

针对这种情况，乔开发了一种新型的销售方法——“有限库存”模式：

（1）我们不把它称为广告，而叫作赞助。

（2）我们会限定每个月的赞助商数量，比如6以上的某个数。

（3）每个网页底部会打上赞助商标识，将其列为“合作伙伴”。

（4）推送广告时，有六种方式可供赞助商选择。这意味着每条广告都会发布给网站六分之一的访客。

（5）与之前的广告费相比，我们大幅提高了赞助商的费用。

（6）赞助商投资增加50%的话，我们还会为其提供专属的推广方式。

起初，销售团队对这个想法有些抵触。他们觉得限制广告类型会妨碍企业的生存和发展。此外，他们也不喜欢“限定赞助商”的想法，因为这会损失一些广告客户。而且这么做的话，他们可能会得罪被拒绝的客户。

值得庆幸的是，当时别无选择。如果 3 个月内无法扭转局面，这家机构的员工就得失业。

此后一周，他们开始实施“有限库存”销售方式。他们向目标名单中的人（所有潜在广告客户）发送邮件告知这一消息。邮件发出后，销售人员就会联系他们的优质客户推销这个模式。他们的基本话术是，“机不可失，时不再来，我想把这个好机会最先告诉你”。

仅用一周的时间，他们就敲定了未来 6 个月的业务。是的，这家机构清掉了广告库存。从利润角度来看，相较去年，网络广告的利润增加了 500%。

从那一刻起，这家机构所有网络广告都以有限库存的模式售出，包括研讨会、电子书、白皮书赞助及专业领域名录。

2. 原生广告的机遇

原生广告就是融合于平台本身的广告，比如在微博里是一则博文，在优酷里就变成了一条视频，而在新闻网站它就是一则报道。简而言之，就是结合平台特点专门定制的广告内容，让用户感觉自然而不易察觉。

在手机小小的屏幕上，强制推送的广告会极大破坏用户体验。据 Adweek 统计，网站 Banner 广告的点击率仅为 0.12%，这仅比不幸被闪电劈中的概率高一点点。所以，未来的移动端投放一定是原生广告大行其道。

就目前来看，营销领域最活跃的广告方式就是原生广告。就连世界媒体巨头，如《纽约时报》《华尔街日报》等都在尽全力挖掘原生广告的盈利空间。

原生广告火爆的原因有以下几点：

(1) 媒体及社交平台为了实现盈利，都在积极提供原生广告产品。

(2) 现如今，品牌会拿出25%～30%的预算投资于内容营销活动，原生广告也被列入其中。

(3) 如果操作得当，原生广告会非常有效。例如，BuzzFeed的大部分利润就都来自原生广告，其公司溢价比远超传统网络广告。

(4) 广告行业对原生广告产生前所未有的热情。它让全世界的媒体买家看到了希望，普遍认为它比传统的Banner广告效果好得多。

原生广告范例

从广义上看，原生广告包括：

- 某视频场景中的广告牌，或者明星手中的道具
- 在QQ、微信等平台推广定制的表情、主题或者皮肤

- 游戏关卡、奖章、得分榜单中植入的广告
- 把广告信息制作成手机界面、电脑桌面或者按钮
- 类似百度等搜索引擎中的付费搜索项
- 微博信息流推送的广告博文
- 淘宝和京东平台的内容推荐
- 漫画或者短片作品中的各种道具

例如漫画家左手韩就把代言产品自然嵌入到自己的漫画当中，并成功带动产品销量。当然，能从众多漫画家中脱颖而出，首先在于左手韩独特的“甜蜜点”。专业美院毕业的他将自己的素描功底与独特的韵律感相结合，创造出独一无二的“左手韩风格”，为个人的自媒体号吸引了大量粉丝。在建立忠实粉丝群体后，左手韩的首次商业合作，选择了与年轻粉丝相匹配的面膜产品“御泥坊”，并在双十一期间将其植入漫画，激发粉丝共鸣，推动销量。

六神磊磊也是打广告的高手，从 2017 年 1 月到 6 月底，他共计推送了 68 篇文章，其中 21 篇为原生广告类内容。尽管广告比例很

高，但他的文章阅读量仍能保持10万+，并实现了粉丝增长。原因就在于他的“原生广告策略”。六神磊磊接广告有他的原则，一是不能损害粉丝的利益；二是要自己认同的品牌。只有满足这两个原则，他才能实现将客户产品与自己的内容进行深度结合。

现在，有些人担心原生广告的做法会让真实的内容与广告的界限越来越模糊。随着原生广告的发展，这种担心很可能会一直存在。但无论如何，在搭建内容渠道的过程中，原生广告不失为一种盈利方法，可用来支撑渠道的正常运转。

3. 跟上内容付费的大潮

2016年6月5日，付费知识产品“李翔商业内参”在罗辑思维旗下“得到”APP上线，马云是一号用户，该产品上线第一天就获得1万多名订阅用户，这一现象让知识付费成了新的关注焦点。

优质内容是核心竞争力。

凯叔讲故事、樊登读书会以及前面讲到的美国案例“数码摄影学校”都是典型的内容付费模式。这些企业直接售卖有价值的内容，并将其作为核心盈利手段。

内容付费模式与广告模式最大的区别在于粉丝价值：知识付费以粉丝转化为目标，由于其内容本身即为产品，所以特别注重每个粉丝是否能够转化为订阅用户，追求粉丝不在于多而在于精；而广告模式就是自媒体营销，更注重粉丝数量，也就是说广告主在这里投放广告是根据你的粉丝数量付费的，能影响多少人决定了自媒体的价值。

内容付费其实并不新鲜，与订阅行业杂志或报纸同理。只不过近年来订阅手段转化为数字形式，原来承载内容的纸制品变成了时下手机上的音频、视频。

4. 不可忽略的会议活动

随着越来越多的人在网络渠道建立了各种关系，他们对见面的渴望也越来越强烈，因此相关活动及会议也就愈发火热。内容营销协会及社交媒体考官就是从此类活动中成功获利的。例如，“内容营销世界”单次活动收入约 600 万美元，这笔收入中的 30%来自各类赞助商，其余部分则来自会员门票。

“顶尖文案”是国内较早专为广告文案人员开设的专业网站，网站一直以分享各类广告案例为主。直到近几年，他们才逐渐丰富了线下活动的产品线。仅 2016 年一年，他们就组织了 13 场讲座及 3 场主题旅行，还代理了法国布尔布榭设计工作坊在中国大陆地区的教育报名及游学事务。现在，组织各类见面活动已经成为顶尖文案网站盈利的重要方式。

顶尖文案组织的主题旅行以创意为核心，已经走到世界多个国家

5. 高溢价能力的周边产品

据《订阅营销》一书的作者安妮·詹泽称，销售的产品如果来自拥有最强研究实力和开发实力的内容网站，那么其利润空间会最大。此外，很多内容创业者的产品灵感来自粉丝发布的内容和评价，然后再结合自身的研究实力和开发实力，创造出深受粉丝喜爱的“爆款”。《单向历》的诞生，就源自开发实力与粉丝呼应的碰撞。

据单向空间联合创始人张帆介绍，从很早开始，个性书店单向空间就在运营自己的公众号，主要发布一些面向文艺青年的活动信息和优质文章，同时也通过这个渠道倾听粉丝的声音。可是每年一到春节，公众号的内容制作就非常困难，因为编辑和设计都想早点回家过年，谁都不想在春节期间加班。

有什么“偷懒”的办法能摆脱加班呢？有丰富售书经验的单向空间发现，每到春节前后，老黄历的销量就会大幅度升高！人们喜欢日历！

于是，他们想到了一个偷懒的办法——用老黄历的形式，加上文艺青年喜欢的经典名句，设计成日历的样子推荐给读者。春节七天假，编辑就发送了七篇日历。没想到的是，这种内容形式居然掀起了粉丝阅读和转发的热潮。

在留言区，粉丝们纷纷表示非常喜欢这种形式，受到鼓励的单向空间决定把这种形式继续下去。

坚持了近一年，在这一内容的忠实粉丝群体逐渐扩大之后，单向空间决定尝试内容变现。因为他们发现，人们喜欢日历，但市面上却没有一本针对文艺青年的、从文字美感出发的纸质日历产品。这项空白可能正是单向空间的商机所在。

做《单向历》的想法就这么诞生了。

单向历的诞生源自粉丝的呼声

之后的几年里，每到 2 月，《单向历》未来一年的创作计划就会启动。他们先在社交媒体上发布征集信息，号召读者贡献名句词条。单向空间的专业编辑团队也会同步搜集名句，并对读者投稿进行初步的筛选和校对。

最后所有的内容审定都由具有多年媒体编辑经验的联合创始人

张帆亲自审定。张帆认为，日历的内容必须对应到用户的心态和生活场景。比如说每年 1 月 1 号，人们的心态如何？愚人节时，人们又是何种想法？春节前后，哪些句子能让读者产生共鸣？甚至双十一的时候，人们的心情都会有所波动和变化。因此，在审定日历内容时，他会结合时事新闻、用户场景等多方面的因素，对用户心态实现非常准确的把控。

这些审定与后期的校对、修改、设计等工作就要花掉至少 3 个月的时间。当然，粉丝对这些付出的回报是巨大的，仅《单向历 2017 版》一款单品就售出 15 万册，而《单向历 2018 版》的销售目标则是 30 万册。

凯叔的产品心经是“场景＋痛点”

前面我们提到的“凯叔讲故事”的创业经历，你还记得吗？

如果没有幼儿园家长群和微博上的 8 000 名粉丝，凯叔可能永远不会意识到讲故事的兴趣竟然藏有如此大的商机，用凯叔的话来讲：“是孩子和家长们的差评成就了我。”

在凯叔第一次把故事录音发到家长群里之后，群里的种子用户与凯叔形成了非常良好的互动。这些种子用户不仅积极帮助凯叔优化了内容产品，更免费帮他打开了初期市场，推动用户数量指数级增长。现在，“凯叔讲故事”已实现激活用户 229 万＋，日活用户 22 万＋。

在打磨内容的过程中，凯叔始终强调两个词“场景＋痛点”。他的做法是，从不间断地倾听用户声音，从中发现需求，进而竭尽全力满足他们。同时，这些需求在哪些场景中产生，也是凯叔进行产品优化升级的重要依据。“凯叔讲故事”不断探寻内容在相应场景中最好的表达方式，“凯叔声律启蒙”伴读游戏就是在这种背景下诞生的。

凭借对目标用户的深度洞察与强大的产品研发实力，凯叔不断将产品体验推到极致；同时，在用户心中建立起强大的信任感。用户对这份信任感最直接的反馈，就是凯叔的内容产品实现了惊人的复购率。40％的用户会重复购买，其中还有70％的用户重复购买达6次以上。凯叔说，当用户对你有了足够的信任，那对产品就“基本不挑”，出什么内容都会买。“凯叔讲故事”第5部上线当天，新产品“随手听”硬件销售达25 000台，音频销售6 000多份。

已有产品怎样和内容结合？

前面提到的案例，都是针对先有粉丝，后开发产品的内容创业模式。那么对于已经拥有产品和服务的成熟型企业来说，想从内容方面找到盈利入口，该怎么做呢？

我们建议企业先问问自己：“我的用户和粉丝的区别在哪里？”

例如 R&S 纤维泳池公司在启用内容营销的做法之后，通过对网站访客行为的监测发现，那些在网站阅读 30 页以上的内容并预约交易的访客购买概率在 80%以上，而行业平均转化率才 10%。由此可见，销售的成功概率增加了 8 倍。

R&S 纤维泳池公司还会关注一些特定文章的表现，其官网文章《纤维泳池造价多少？》已为公司促成了 200 万美元的销售。那么，这种投资回报是如何实现的呢？

想要发掘内容的盈利空间，你必须考虑：

- 你的粉丝可能会买现有产品么？
- 如果他们对现有产品不感兴趣，可能购买什么产品？
- 你的粉丝能转为付费用户么？
- 你的粉丝在社交媒体（口碑）上会向朋友推荐你么？
- 你的粉丝购买和非粉丝购买百分比分别是多少？

以上这些问题中的任何一个，都可以证明内容营销的投资回报。内容营销行业专家近来发布的数据展现了北美 B2B 公司实现的营销目标。

数据证明，粉丝参与度高的内容会有效推动公司的发展。因此，你需要找到优势领域，推动内容营销项目的实施。

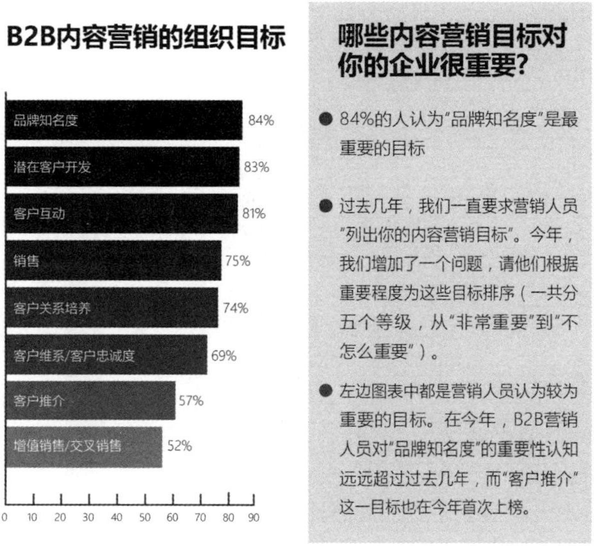

企业利用内容营销策略实现多重目标

其他内容创业的多重收入模式

YouTube 美妆红人米歇尔·潘的盈利点来自以下几个方面：

- YouTube 广告
- 图书销售
- 个人出场费
- 创建音乐厂牌移动音乐集团
- 与欧莱雅合作发布“em”系列化妆品
- 参与创立“MyGlam”美妆产品付费订阅网站

- 创建 YouTube 人才网络

“鸡语者”的创始人安迪·施耐德通过以下方式盈利：

- 活动赞助商，如 Kalmbach Feeds
- 杂志订购费
- 杂志广告
- 播客赞助商
- 个人出场费
- 图书销售
- 网站赞助

数码摄影学校的创始人达伦·罗斯的盈利点在于：

- 合作项目（网站推广费用）
- 电子书及付费教程
- 付费在线培训项目
- 网络广告费
- 品牌拓展网站，如 Snappin Deals

文案博客传媒的布莱恩·克拉克通过以下几点获利：

- 付费订阅产品，如 Rainmaker 平台
- 主持服务，如 Synthesis
- 文案博客传媒活动所获赞助
- 活动参与者注册费用

作者为你划重点

- 发掘适合你的盈利模式需要一些时间。与此同时，你可以尝试用不同的方式从内容资产中获利。
- 起步阶段，你需要的不是大量的支持，而是正确的支持。关注那些对你的内容非常感兴趣的公司，争取从它们那里获取一些费用。
- 有时候，最佳盈利机会往往出人意料。所以，不要一味关注主流的收入来源，以免错过更好的机会。
- 优秀的内容创业者都运用多元化的方式获利。

第十四章　收购内容资产

买地吧，因为它们不可再生。

——马克·吐温

万达集团在互联网转型的第一年，投入了大量预算做会员活动，虽然新增了几千万会员，但活跃度却不到5%。后来万达转变思路，与很多时尚、亲子、电影类行业资讯网站以及优秀论坛版主进行内容合作，不仅完成了会员增长目标，同时会员活跃度也非常高。这正是后来万达收购时光网等垂直网站的主要原因。

近段时间，我跟很多知名企业的营销负责人就如何通过内容建立社群的问题进行探讨，发现了一个现象：在某些市场领域，这些企业建立了很扎实的内容根基，但在另外一些新市场，却毫无建树。面对这种情况，企业该怎样解决呢？

我们提出的解决方案是：收购与业务相关的行业资讯网站。

总而言之，当你的公司有了一定规模，为了快速实现拓展，收购内容资产是最快的方法。

收购内容资产的两个重点

收购内容资产，主要是为了获得两方面的资源：

第一，讲故事的能力。这些内容资产拥有可以持续生产内容的团队和工作机制。

第二，也是更重要的一点，这些内容资产往往已有固定的忠实粉丝群体。

虽然从媒体公司诞生之初，相互间的收购行为就已存在，但是非媒体公司直至近期才开始兴起收购媒体公司的潮流。摄影用品商店 Adorama 在 JPG 杂志运转不灵的时候趁机成立收购小组。该小组不仅接管了 JPG 的内容及渠道，还收获了 30 万订阅用户，这些订阅用户正是 Adorama 的已有和潜在用户。

2010 年全球化妆品集团欧莱雅以 100 万美元的价格从 Live Current Media 公司收购了 Makeup. com。2013 年亚马逊创始人贝索斯个人出资 2.5 亿收购美国《华盛顿邮报》。此外，自动化营销公司 HubSpot 想要一个与其营销及销售网站配套的代理渠道，于是它选择收购 Agency Post，而非重新创建一个。

国内企业的媒体收购也做得风生水起。2012 年，阿里巴巴入股社交媒体陌陌，2013 年收购新浪微博 18%的股权，并独家投资《商业评论》。2014 年后，阿里巴巴加快了媒体收购的步伐。2014 年 3 月，阿里以 62.44 亿港币控股文化中国，后者持有《京华时报》的股份和经营权。随后几年，阿里通过直接、间接、关联、个人入股等方式，先后将 21 世纪传媒、第一财经日报等老牌媒体集团，36 氪、虎嗅等新兴互联网媒体，以及海外 Tango 与 Snapchat 等近 30 家不同类型的媒体纳入麾下（或战略入股）。

由此可见，当内容创业做大做强，需要进军新领域时，收购是非常重要的方式之一。

收购内容资产的流程

内容营销协会为充实自身渠道收购了多项内容资产，其中包括名为“智能内容论坛”的西海岸会议以及一项叫作“内容营销奖”的评选活动。在乔看来，与其从零开始打造一个内容项目跟已有产品竞争，还不如直接收购来得明智些。

在企业收购内容资产时，一般会经过以下 7 个步骤：

步骤一：确定目标

任何明智的决策都需要先确定目标，收购内容资产也是如此。

这个目标可能包括：

- 弥补自身业务的缺失部分。最终目标是要向更多的用户进行增值销售、交叉销售并减少该领域的用户流失。
- 将自身品牌打入知名度不高的领域。例如：你是某类钢材的生产商，但是在油气产业看到了商机，那就可以通过收购这方面的行业媒体迅速打入该领域。
- 实现用户增长。收购内容资产很可能自带用户，可以对其做进一步培养或实现交叉销售。
- 收购内容资产本身及其相关搜索引擎优化，有利于彼此共享利益。

步骤二：明确潜在用户

启动收购时，先明确你想填补的用户空缺。例如：内容营销协会将大企业中的营销主管作为《首席内容官》杂志的目标用户。而将中等市场及大企业中的公共关系、社交媒体、搜索引擎优化经理及总监作为“内容营销世界”大会的目标用户。因此，拥有此类用户的内容资产是我们的收购首选。

步骤三：列出简要版收购清单

在明确目标和用户之后，就要着手列出一个可以帮你达成目标的内容资产清单。这一步的关键在于不要给自己设限。你可以列出活动、行业网站、媒体网站、合作网站甚至把你的意见领袖清单写在上面。列清单时，最好随手把所有与订阅用户相关的信息都囊括进来，包括：

- 内容资产的创建日期
- 当前订阅用户数量
- 已知利润来源（逐个列出）
- 所有权结构（例如，独立网站或传媒公司）

收购会议活动或贸易展出时，要注意以下几点：

- 过去两年出席人数以及增长或降低比率
- 过去两年展商人数以及增长或降低比率
- 过去两年媒体合作伙伴人数
- 公司主体注册地点
- 注册资本
- 对活动价值的主观评估（可使用5分制标准）
- 活动中搭建媒体渠道的可能性，即是否有可能利用在线内容、网络活动等将该活动打造成一个全功能媒体渠道

步骤四：把握最佳机遇

虽然你可以义无反顾地朝着最佳方案拼尽全力，但这种一根筋的行为等于把所有鸡蛋都放在同一个篮子里，风险极大。更好的选择是，同时执行三个最佳方案，例如收购你感兴趣的网站、活动等等，然后在过程中适时调整目标，增加成功概率。

当公司发展到一定规模，你要随时发现潜在的收购可能。最差的情况就是你所接触的卖家对你的收购计划不感兴趣。但反过来想，遇到这种情况，其实意味着你可以与他重新建立关系。因为没人可以预测别人的想法会如何变化，一旦他改变想法，你要及时发现并跟进。

收购的最佳对象就是那些出色但尚未确定任何商业模式的内容创作者。而好消息就是，当今世界，每个行业都有很多这样的内容创作者。

步骤五：明确收购价值

收购过程中有一点非常重要：了解卖方想要什么。就像分析自己的目标意见领袖那样，你需要设法了解卖家的目标及期待是什么。有可能他们只在乎钱，也可能卖家正在寻找新的机遇，或者想尽快脱身。事实上，很多创业者都未曾想到自己的项目会成长到无法管理的程度，或者项目的发展方向与预期的完全相反。

如前所述，衡量行业资讯网站及活动的价值是有标准的。首先，双方需签订保密合同。之后，你可以向对方索要至少过去两年的利润或损失账务。此外，还需要审核当前的商业合作合同以及可以证明当前损益表的相关合同。注意，相关的法律条款千差万别，所以采取一切行动之前请咨询法律顾问。

对于个人网站或自媒体账号类收购，有些交易以“订阅用户数量”为标准，而另一些则以净利润为标准。在我们曾经参与的一项媒体收购交易中，是按照每个订阅用户 1 美元的价格进行的。而另一个案例中，交易额为出售资产年利润的 5 倍，分两年缴清。小型公司一般会选取后一种方式。比如，活动年利润为 100 万元，那么收购价则为 500 万元。

步骤六：报价

给出正式报价前，要确认你的报价合理且卖家同意你的基本条款。如果双方达成共识，那么应该先签订意向合同，再进行深度合作。该合同相当于双方合作的开始，但是并不具有任何法律约束力而仅仅代表双方意图。注意，起草意向合同也要咨询法律顾问。

步骤七：进入最终洽谈阶段

签署任何文件前，首先要考虑以下几个问题：

● 都有哪些邮件或打印出来的清单？你要授予该公司哪些权利？

● 该公司都有哪些资产、视频、文章、幻灯片？有必要对公司资产进行全面盘点和审查。

● 该公司正在使用哪些社交媒体渠道？

● 应该联系这个领域内的哪些意见领袖？向他们索求联系方式及专业技能（如果需要的话）证明。

● 该公司的外包服务商有哪些？他们会推荐哪一家？

接下来的 30～60 天，你要处理正式的资产收购协议并审阅相关文件以确认所有事物、数据及义项都准确属实。随后就可以正式签订合同，开香槟庆祝了。当然，庆不庆祝随你，不过庆祝下也不错。

作者为你划重点

● 制定新领域拓展计划时，你会面临是自己创建还是直接收购的抉择。

● 没有规划的收购代价会很大。如果确定了收购对象，那么花点时间与卖家搞好关系可能有机会拿到更低的价位。

第十五章　内容创业模型整合

知识需要不断更新、质疑和补充，否则就会慢慢消亡殆尽。

——彼得·德鲁克

看到这里，你的阅读进度条已经接近尾声，还记得前六部分我们讲了什么吗?

让我们简单回顾一下：从你最爱的兴趣开始，找到自己的**甜蜜点**，明确独一无二的**内容翘点**。然后呢？然后就是**构建基础**，这一部分包括选择核心渠道和内容创作。接下来，我们又一起分析了**收获粉丝**的方法。当你在核心渠道取得成功之后，就要开始**多元拓展**的脚步了。这种“拓展”涵盖了三个方面，即渠道拓展、内容拓展与团队拓展。完成这一切，**实现盈利**的机会水到渠成。

无论是已经踏上了创业的旅程，还是刚刚在心里有了一点创业的小萌芽，此刻的你已经掌握了他人所不具备的优势——内容创业模型。相信今后，你将在不断的实践中找到自己的内容创业路径，就像下文中的他们一样。

乔伊的内容创业

乔伊的人生目标

2001年，乔伊，一个在雪城大学主修设计的本科毕业生，搬到了纽约并在那开始了她的设计生涯。她的第一份工作是在一家奢侈品广告公司做平面设计，固定服务几位客户。

在纽约换了几份设计工作之后，为了离男朋友（现在的丈夫）更近一些，乔伊搬到了费城。在没找到工作的那段时间，她当起了自由职业者并创建了个人网站Oh Joy!。虽然当时只是把网站当成业余爱好，但乔伊分享的美学设计还是吸引到一批忠实粉丝，并且还为她带来了一些客户。

不久之后，乔伊就放弃了找份全职工作的打算，决定创建自己的设计工作室。不过虽然她十分热爱设计工作，但设计的收入实在不高。为了维持生计，她必须把全部精力都放在寻找客户上。说实在的，挖空心思满世界寻找客户的事情乔伊确实很不擅长。她为这样的生活感到苦恼，她跟当时的未婚夫（也是自由设计师）讨论了这一切。未婚夫说："谁说你没法养活自己的？你完全可以凭自己的兴趣爱好活得很好，你要确信这一点。"就是从这一刻起，乔伊受到鼓励，开始记录自己的收入目标（现在仍在坚持）。记录目标的简单动作给了乔伊成就事业的动力，同时也使她坚信凭借自己的兴趣爱好可以过上好日子。

甜蜜点

乔伊的技能是平面设计。她接受过的设计训练可以让她敏锐察觉出时尚设计界哪些东西行得通，哪些东西行不通（她的知识领域）。同时，乔伊还热衷于表现新的创意。她认为日复一日制作同样的广告或排版产品单页非常枯燥。每天，她都期待着来点不同（她的热情）。正是因为她对多样性创意的尝试，给她带来了新的机遇。由此可见，乔伊的甜蜜点是时尚设计和多样化的融合。

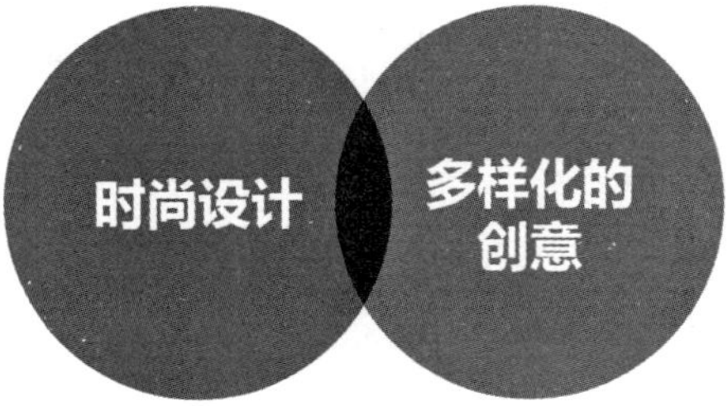

乔伊对时尚设计领域的了解以及对多样化创意的热情共同构成了她的甜蜜点

内容翘点

乔伊的天赋在于表达真实的想法。她喜欢与人交流创意，同时也很懂得拿捏分寸，使大众更易于接受她的内容。在《魅力》杂志的采访中，她表示很羡慕那些“我行我素完全不用在乎他人想法的人”。一开始她并没有感觉到自己在表达方面的天赋，但久而久之便觉察到能做自己热爱的事情，不用过分担心他人想法有多么重要。

许多热爱时尚设计的人都对乔伊的分享很感兴趣。正如《快公司》的迈克尔·格罗豪斯所说：“虽然大众很喜欢专家‘身份’，但是专家‘本人’让人们喜欢更重要。”乔伊的粉丝不想听“专家”的建议，更不喜欢唯唯诺诺的跪式服务，他们希望与身边真实的人共同寻找真相，发现问题，并一起解决它。因此，乔伊本真的表达造就了她的内容翘点。

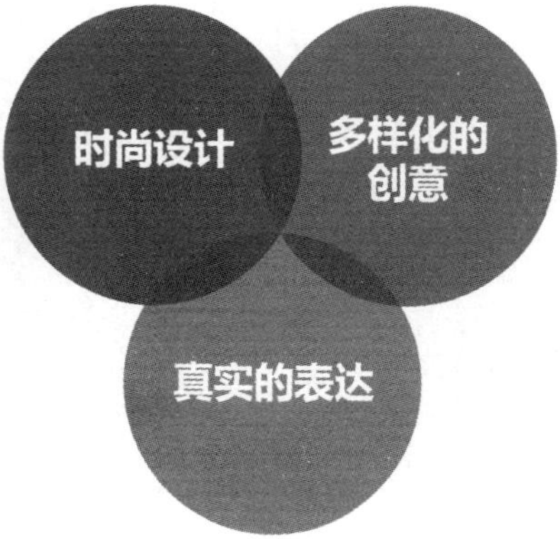

乔伊本真的表达方式与其甜蜜点形成了强大的组合

构建基础

在第一个月，乔伊共发布了 35 篇文章，完成了既定目标。她的文章都非常个性化，专注于各类时尚设计窍门（也包括猫）并融合了一流摄影及设计技巧。

一个月后，乔伊仍保持稳定的发布频率，甚至有时一天发布 2～3 次。每天她的网站都会收到大量的客户咨询，从此她再也没有找一份固定工作的想法。不到一年，乔伊就决定在个人网站的基础上建立自己的设计工作室。

随着网站的发展壮大，内容需求量逐渐增多，乔伊采用了协同发布的模式，雇用了一些网络写手来增加网站内容的深度和广度。在该模式运行几年之后，也是在生了第一个宝宝之后，乔伊决定还是由自己来撰写文章，使网站内容回归本真，变得更加个性化。

收获粉丝

乔伊一直在积极地建立忠实粉丝社群，这种方式令网站订阅用户越来越多。在不断满足用户需求的基础上，乔伊进一步设定了内容日历及工作流程，确保做到每天发布三次文章。此外，随着社交媒体的重要性与日俱增，她还进一步拓展了社交渠道以获取新的粉丝，这其中包括 Instagram（照片分享平台）、Pinterest 以及 Twitter。2008 年，《时代》杂志将 Oh Joy！评选为设计类网站世界前 100。下图是乔伊的个人网站截图。

乔伊意识到需要通过邮件建立固定社群

多元拓展

现在，乔伊的个人品牌有了三大支柱，其中包括她已出版的三本书（《博客》《创造性》以及最新的《噢，乔伊！60种创造快乐的方式》)。她还为多个设计及营销类活动出谋划策，曾与玛莎·斯图尔特同台出席营销会议。简单来说，乔伊拥有的雄厚实力如下：

- **Instagram**：20多万粉丝。
- **Twitter**：7万多粉丝。
- **YouTube**：即使是点击率不高的视频也有几千次的播放量。

在该平台，她大约拥有 2 万个订阅用户。

- **Pinterest**：在这个备受设计者关注的平台上，乔伊拥有1 300多万粉丝。

实现盈利

乔伊的工作室做得风生水起，她为诸多世界顶级品牌提供咨询服务。此外，乔伊还为塔吉特及微软这类公司提供设计并合作生产线。如今她已经开发了文具生产线、壁纸、床上用品、妈咪包以及电脑配件。日前，她还从强生公司引进了一套同塔吉特风格相似的邦迪生产线。

同时，乔伊的网站还接受赞助形式的广告（即原生广告）。她只选择与自己信任的品牌合作，并尽力确保内容符合粉丝需求。

乔伊获取利润的渠道有很多，包括直接向粉丝销售产品的利润、赞助收入以及授权费用。虽然乔伊的网站建立于 2005 年，但是它的锦绣未来才刚刚开始。

一个完整的内容创业模型

正如之前章节所提到的内容创业案例那样，乔伊的成功也可以归结为六个步骤。乔伊发掘了她的甜蜜点，然后通过本真表达脱颖而出。她依靠个人网站打下基础，收获了大量忠实粉丝，将其业务渠道拓展到出书及社交媒体，并通过多种方式实现盈利。这些利润渠道包括多条产品生产线、授权交易及咨询服务。而在收入目标方面，她每年都在不断设定看似“疯狂”的目标，然后再持续超越这些既定目标。

马修·帕特里克、达伦·罗斯、安·里尔登以及你将获得的成功都是如此。想想是不是有点小激动?

媒体人内容创业——有车以后

从微信公众号起家的“有车以后”，内容使命是为用户提供买车和用车的信息和服务。从媒体辞职后，创始人徐晨华凭借对汽车和汽车用户的深度了解，发现了汽车使用知识领域的内容空白。其微信公众号所推送的内容，都是解决车主在行车过程中经常遇到的难题，例如：在刹车失灵的情况下如何把车停下来？行车过程中没有油了会出现什么情况？等等。这些贴近场景化的内容精准定位了用户需求，让账号脱颖而出。

随着粉丝群体的不断扩大，“有车以后”发现用户的各类细节需求增多，正是这些旁人注意不到的小需求里往往隐藏着大商机。于是，在“有车之后”之外，徐晨华又运营了“一起去 SUV”和“什么豪车值得买”两个细分领域的公众号。

为了更好地解决人和人的互动、交流等问题，在固定更新的内容之外，他又在公众号上开发了论坛、车型库、查违章和缴费等小程序，多方面满足用户从车型选择、车型比较、查看真实用户评论到购车以后在论坛上提问、解答、查违章、缴费等所有需求。

将内容当成产品来做，是徐晨华内容创业之路的重要思路。在这个过程中，他不断打磨内容，立足用户需求，用精品内容吸引忠实粉丝，用渠道拓展增加流量，并用完整的服务体系实现用户的留存。

现阶段，“有车以后”的盈利主要来自品牌广告、车企经销商和区域的营销推广费用以及电商方面的用户收入。同时，应忠实粉丝的需求，“有车以后”还精选了一些汽车配套产品在电商平台开店售卖，目前其电商转化率达到 20%，2016 年营收近 1 亿元，2017 年营收达 2 亿元。

协同发布式内容创业——环球旅行

“环球旅行”自媒体账号主要以提供实用的旅行攻略、旅行故事分享为主。创业之初，它将微信公众号作为核心渠道。为了向这一渠道导流，创始人田志伟采用了最“笨”的方式，通过刷屏、发链接等方法，从微博、论坛、人人网、博客、贴吧等渠道一点一点将粉丝吸引过来。在初期阶段，为“环球旅行”公众号积累了 3 万粉丝。

后来，随着订阅用户数量的不断增加，“环球旅行”进一步拓展了内容发布渠道。入驻了腾讯新闻、网易、Zaker、今日头条、新浪等多个平台，同时还计划开发专属APP和开展线下活动。

为了维护拓展后的内容渠道，创始人田志伟采用了协同发布模式。一方面，“环球旅行”拥有一个5～10人的内容编辑团队，每天负责选题、创作和排版。然后以付费收稿的方式与大量摄影师、旅游达人合作，拓展内容的视野和角度。另一方面，也有很多粉丝非常愿意无偿提供优质文章，而同行之间也会相互授权转载文章。

为了进一步增加核心渠道的黏性和活跃度，“环球旅行”还开辟了微社区，围绕旅行和情感话题激活粉丝参与讨论。并定期在社区内组织抽奖活动、让粉丝参与设计“环球旅行”家族T恤，进而提升他们的参与感。

凭借优秀的内容质量、稳定的发布频率和线上线下的互动交流，“环球旅行”积累了上百万忠实粉丝。现在，国内比较知名的4A广告公司、公关公司都是他们的固定客户。

创始人田志伟认为，专注于某个细分领域，将专属核心渠道做到这个行业的前五十，就可以保证你的内容创业收获利润，正常运营。

内容电商创业案例——小羽私厨

小羽私厨是微信公众平台上的美食类“网红”，目前有 30 万粉丝。小羽最早以推送图文菜谱为主，后来逐渐发展到日推一条食谱短视频，片长大多在一两分钟，介绍如何用容易买到的食材教粉丝做出简单漂亮的菜品。

目前国内美食类社交账号并不少见，小羽私厨是如何杀出重围的呢？创始人沈桐羽认为，自己视频的独特之处在于“实用”：食材易得、步骤简单，新手也可以轻松做出大厨效果。这是她独特的内容翘点。

为了使内容能够精准触达目标粉丝，小羽做了非常清晰的画像：80%是女性，来自北上广深、江苏、浙江等经济发达地区的粉丝占 7 成，iPhone 用户近 7 成。这个群体无疑是当下“消费升级”的主力人群。她们在与小羽互动时，主动留言询问视频中的厨房用品、食材的购买方式。而这些来自粉丝的声音让小羽看到了利润机会。

小羽发现，目前发达国家中产阶级日常使用的商品中，国人了解的不到 10%。所以从 2016 年 4 月开始，小羽私厨开始尝试内容电商的模式，主推在国外已有一定知名度，但还未打开国内市场的厨房用具品牌。之所以选择此类产品，最重要的一点就在于产品本身与小羽私厨的粉丝需求相契合。

产品与粉丝需求的精准匹配，让小羽私厨只用了一个月的时间，就实现了从 0 到 100 万元的收入。

关于内容创业的盈利模式，小羽认为，你一定要树立在这个领域内的专业身份，要不停强调。因为大家更愿意相信专业领域的人提供的一些东西。同时，你还要把自己变成粉丝的朋友。因为人们习惯了平等的关系，我愿意相信你是因为你真的给我提供了有用的信息，而不是因为你是权威，我服从你。

平台型内容创业——小红书

小红书是国内较早做内容电商的平台。从 2014 年 1 月上线至今，小红书的用户数量已接近 5 000 万，且几乎都是女性，每天的笔记曝光量超过 10 亿次。

小红书联合创始人瞿芳在聊起创业初衷时提到："从 2013 年开始，出境旅行对于中国人而言变成了一件高频发生的事，而随着消费升级的不断加深，大家要买的东西也更加多元，比如马桶盖、电饭煲等。但因为地域差异、语言差异，很多人不知道要买什么，我们觉得这是一个可以抓住的需求。"

在小红书的社群里，用户围绕着"买什么""哪里买""多少钱才值得买"等问题展开讨论，互为"顾问"，大量优质内容都由用户自发创作和分享。社区每天的互动量超过数百万。除了免费的“外部撰稿人”之外，小红书也有专门的编辑团队，负责把控社区内容质量，筛选信息并对精彩内容进行置顶。

随着社区的发展壮大，用户们对于帮忙代购好评商品的呼声越来越高。到 2014 年 8 月，小红书终于开始试着用“秒杀”抢购的模式试水电商。

直至今天，小红书不仅在自己的 APP 上开通了专门的“购买”频道，更是将用户内容发挥到极致。首先，小红书拓宽了内容范围，从最初的海淘好货到现在覆盖品质生活方式，吸引更多用户加入社区；其次，小红书培养了众多“素人 KOL”，而每位意见领袖的身后都有一群巨大的忠实粉丝群体，每当他们在自己的内容中推荐产品时，总会成功带动销量。

凭借来自“民间”的内容和用户间口碑相传建立起来的信任感，小红书收获了用户的信赖和黏性。这些基础使小红书在电商转型时不仅没有掉粉，还实现了很高的转化率。2017 年 6 月促销月中，活动仅开始 2 小时，小红书销售额就突破 1 亿元。

在职内容创业——活动创意疯汇

如果在公关活动圈内推荐值得看的公众号，“活动创意疯汇”肯定会排进前三名。从 2013 年诞生至今，“活动创意疯汇”一直专注于分享国内外优秀活动案例，并吸引了一大群公关活动圈的粉丝。

在创始人高峰看来，“活动创意疯汇”的诞生有点无心插柳的感觉。最初他开通公众号只是为了给公司创意部的同事开阔眼界，避免大家闭门造车。他发布的案例中既有国外顶级活动，也有国内小而精的精彩现场。高峰解释：“我想让大家知道外界发生了什么，让他们知道自己处在什么水平。”

以往活动公司想要参考案例，只能购买大量的案例图书，从一本本厚重的彩印精装书上一知半解地学习国外活动信息。而活动创意疯汇的内容不仅时效性强，图文并茂，还有经过剪辑的精华视频。在介绍活动时，高峰从行业角度出发，详细剖析案例，从演出团队到科技设备，从活动筹备到现场效果，进行了大量的资料整理工作和沟通工作。

公关活动圈有个特点，就是圈内人对分享行为十分积极。于是，高峰把公众号的更新设定在中午时段（活动圈创意人刷手机的重要时间点），几乎每一次更新都会被创意部的同事抢先分享出去。正是因为这群种子粉丝，公众号的分享圈不断扩大，粉丝也逐渐增多。

在完成初步的粉丝积累后，为了进一步提高粉丝黏性，创始人高峰还创建了 QQ 群和微信群，将公众号中的活跃粉丝拉入群中。在他建立第一个 QQ 群时，除了自己之外，他还找了两个非常活跃的粉丝作为群主，主动将一部分管理权和监督权转移。从此，群内的这些活跃粉丝不仅成为公众号的免费推广者，积极拉人关注进群，他们更是公众号内容的协同发布者，主动提供优秀案例。用高峰自己的话来说，他的公众号只有 6 万粉丝，绝对算不上大 V，但是他敢保证，公众号的每一个粉丝都是真粉。整个过程全凭内容，没有花一分钱推广的费用。

在分析粉丝流量数据时，高峰发现，每当发布的活动案例中有提到稀缺资源（例如演出、技术等）时，文章的打开率和转发量就会明显提升。同时，在后台留言中也有很多粉丝回复关于演出资源的问题。于是，在整理案例内容时，高峰把更多精力放在了国内外稀缺资源方面，并以资源为翘点进一步完善了公众号的内容定位。

通过倾听粉丝，创始人高峰找到了“活动创意疯汇”的内容翘点，同时更发现了自己的盈利机会。现在，他正在尝试通过公众号实现稀缺资源的推荐与合作，为国内公关活动行业提供更多便捷沟通的可能。

关于内容创业，作者有话说

要有耐心

如果你的内容创业已经开始，那么就请坚持，再坚持：保持耐心。

从万念俱灰到有了事业成功的希望，乔·普利兹经历了 9 个月的时间。现在回想起来，那 9 个月的煎熬让乔差点就放弃创业，回到找份“正经”工作的老路上。

但现在，乔庆幸自己的决定，他找到了自己热爱的事业，还可以有时间陪家人，工作自由，每天早上起来都动力满满地去工作。如果当初没有耐心，那么现在这些都不复存在了。

2007 年 4 月乔建立了自己的公司。但是直到 2010 年底，他才发现不对劲的地方到底在哪儿。接下来的 3 年，他把公司打造成了美国前 500 名成长最快的私营企业。如今，公司市值已达 1 000 万美元，他仍然有时间每天接孩子们放学。虽然这一路非常艰辛，但是耐心和坚持成就了一切。建立忠实的社群需要时间，从内容创业获取利润也需要时间。

但毫无疑问，这是创业的最佳方式。虽然它如此不同，甚至有些怪异，却比孤注一掷地推广已有产品靠谱得多。

遇到瓶颈怎么办？

依照内容创业的模式发展，有时候你可能会觉得效果不尽如人意，这很正常。内容创业对多数人来说都是一种新的创业方式。长久以来，我们习惯了通过广告推广产品，如今我们要先通过内容向用户传递价值。

如果你正在遭遇内容营销的瓶颈，那么请认真阅读本章内容。你所遇到的问题可能出自以下原因：

- **内容营销过于自我。**要创作能解决粉丝问题的内容，而不是一直谈论你的产品和服务。如果可以的话，你应该多谈论与粉丝相关的事情。
- **半途而废。**内容营销之所以会失败，最大原因就在于你的放弃或三天打鱼两天晒网的举动。要记住，你所传达的内容是对粉丝的一种承诺。书中案例的主人公之所以会成功，是因为他们从未中断创作精彩的内容。

- **辛勤工作却没有粉丝。**除非你是要建立社群，否则对你而言，人们对内容的分享或参与并无实际意义。很多公司最大的失误就在于，没有提前规划如何利用内容的创作和传播来建立社群。

- **没有自己的观点。**要在行业中占有一席之地，你就必须拥有自己独特的视角和价值。人云亦云不仅枯燥乏味，而且没什么效果。

- **没有工作流程。**关于这种错误，我几乎天天可以看到。比如，某个互动营销类产品马上要打广告了，需要用到文章或白皮书，可总是在最后一刻人们才想起去制作，手忙脚乱且质量不高。因此，你一定要在内容的创作、重塑以及发布之前做好流程规划。

- **行动号召在哪里？**每个内容都应该鼓励和号召粉丝做出你所期待的行为。如果对每个内容都问一句“为什么要做?”答案就是，为了号召粉丝们采取行动。没有行动号召的内容，是没有任何意义的。

- **渠道储备缺失。**你是否因为关注了某一渠道而忽略了其他渠道？事实上，在发展初期，我们需要一个核心渠道如个人网站等，但是在拓展规模的过程中，如果不能充分利用多元化渠道，就会失去内容营销的真正力量。在这里，我们可以参照媒体公司的运作方式，所有大型媒体公司都采用了三足鼎立的模式——网络渠道、纸质刊物以及见面活动。

- **忽略员工。**员工技能是被利用得最不充分的内容营销资产。记住，是你的员工赋予了品牌生命，要发挥他们在创作和传播过程中的作用。起步时，选用5%的员工加入内容营销，取得成功案例后，再展示并拓展到其他员工。

提示：不要强迫你的员工做他们不愿意做的事情。尽你所能地从员工中收集原始内容。

- **专业编辑。**编辑也是内容营销中被低估的一部分。有时候，作为创业者的我们并不理解为什么内容的某一部分会大受欢迎，所以我们需要专业编辑的指导和建议。要么培养一个，要么就雇一个。

搞定这些，还有什么能阻碍你的兴趣变现之路呢？

不断前行

是的，困难肯定是会有的，还会有徘徊和犹豫。可这一切对创业者和小企业主来说是家常便饭。最常见的困难就是：资金不足和粉丝增长缓慢。

幸运的是，经过我们的实践和对大量内容创业成功者的采访，发现了内容创业模型。利用这种方法，你将有机会解决上述难题，打造完美的事业与人生。

还记得在本书的第一章里，我们提到的适合内容创业的三种情况吗？它们是：

1. 创业者和在职创业者。

2. 平台型公司或组织。

3. 增长停滞的公司。

听上去，觉得距离自己很远吗？好吧，那我换一种方式介绍给你。它们是：

1. 毕业很久都找不到工作的大学生，马修·帕特里克，凭借内容创业，成为代言 YouTube 的网络红人。

2. 只在自家后院搞养殖的养鸡专业户，安迪·施耐德，凭借内容创业，建立了自己的小众媒体帝国。

3. 赋闲在家的全职家庭主妇，安·里尔登，凭借内容创业，获得网上“烘焙女王”的称号。

4. 濒临倒闭的泳池安装公司，R&S 纤维泳池公司，凭借内容营销，起死回生站到行业巅峰。

书中还有很多成功创业者的故事，这些主角们在找到自己的甜蜜点之前，与我们身边擦肩而过的普通人无异。是内容创业赋予了他们实现兴趣变现的力量，成为一个个创业奇迹的铸造者。

相信看完本书的你，也会实现这样的梦想！

找到自己真正喜爱的领域，把握“兴趣变现”的机会，开创新的事业生涯！

（内容营销系列）

故事营销有多重要

用终极故事和传媒思维打造独特品牌

【美】尼克·南顿 杰克·迪克斯 著

闫 佳 邓瑞华 译

- 最有效的故事营销情节是什么？
- 如何导演自己的品牌大片？
- 如何用故事让品牌常青？

艾美奖得主、世界著名品牌专家作品，用好莱坞手法赢战商场的全部秘密！

（内容营销系列）

一本书学会视觉营销（四色全彩）

【美】叶卡捷琳娜·沃尔特 杰西卡·基格

里奥 著

闫 佳 译

- 如何促成目标受众更多的参与、对话和分享？
- 最优秀的、能够脱颖而出的视觉营销案例是怎样的？
- 什么样的视觉营销策略是最有效的？

社交媒体女王教你真正的视觉营销！

（内容营销系列）

首席内容官

解密英特尔全球内容营销

【美】帕姆·狄勒　著

孙庆磊　译

社交媒体时代，每个公司都需要一位“总编辑”。

- 如何组建和管理内容营销团队？
- 如何制定跨界的内容营销战略？
- 如何创作有效的内容吸引顾客？
- 如何发现被忽视的受众连接点？

英特尔全球营销战略总裁解读“首席内容官”成功之道。

（内容营销系列）

热点

引爆内容营销的6个密码

【美】马克·舍费尔　著

曲秋晨　译

咪蒙强烈推荐，认为所有做新媒体的人都应该看的书。

- 所有爆款究竟具有什么基因？
- 引爆热点的22种方法是什么？
- 为什么说嵌入分享基因是爆款的突破口？

全球顶尖营销专家教你引爆热点、脱颖而出的终极秘诀。

Joe Pulizzi
Content Inc. , 1e
9781259589652

北京市版权局著作权合同登记号：01-2016-1867

图书在版编目（CIP）数据

兴趣变现/（美）乔·普利兹（Joe Pulizzi），孙庆磊著．—北京：中国人民大学出版社，2018.6

书名原文：Content Inc.

ISBN 978-7-300-25474-6

Ⅰ.①兴… Ⅱ.①乔…②孙… Ⅲ.①企业管理-市场营销学-研究 Ⅳ.①F274

中国版本图书馆 CIP 数据核字（2018）第 025286 号

兴趣变现

内容营销之父教你打造有“趣”的个人 IP

乔·普利兹（Joe Pulizzi）　孙庆磊　著

Xingqu Bianxian

出版发行	中国人民大学出版社		
社　址	北京中关村大街 31 号	**邮政编码**	100080
电　话	010－62511242（总编室）		010－62511770（质管部）
	010－82501766（邮购部）		010－62514148（门市部）
	010－62515195（发行公司）		010－62515275（盗版举报）
网　址	http://www.crup.com.cn		
经　销	新华书店		
印　刷	德富泰（唐山）印务有限公司		
规　格	148mm×210mm　32 开本	**版　次**	2018 年 6 月第 1 版
印　张	8.875 插页 2	**印　次**	2022 年 4 月第 6 次印刷
字　数	149 000	**定　价**	69.00 元